하나님도 웃게하는 축복덩어리

야곱 Jacob

Jesus is the Christ, the Son of the living God.
예수는 그리스도시요, 살아계신 하나님의 아들이십니다.

Finally, my brothers, rejoice in the Lord!
It is no trouble for me to write the same things to you again,
and it is a safeguard for you. Philippians 3:1 NIV

종말로 나의 형제들아 주 안에서 기뻐하라
너희에게 같은 말을 쓰는 것이
내게는 수고로움이 없고 너희에게는 안전 하니라. 빌립보서 3장 1절

Genesis

하나님도 웃게하는 축복덩어리

야곱 Jacob

初更 김유순

도서출판HIM

프 롤 로 그

내 마음 깊은 곳
목숨처럼 끌어안고 있는
오만과 편견과 고집의 견고한 진을
부수고 깨뜨리고 버리고 떠나지 않는 한,
생의 열매도 없고 기쁨도 없고 자유도 없음을
이제야 알았습니다.

태초에
'빛이 있으라' 말씀하신 하나님께서
어느 날, 내 마음의 어둠을 밀어내신거지요.

내 영혼에 빛이 임하던 그날이
바로, 내 삶의 창세기가 되었습니다.

어제는 슬프고
내일은 두려워
오늘이 어두웠던 나에게
창조의 빛으로 찾아오신 하나님께서

아름다운 꽃과 나무들과 물고기와 새들로
공허한 땅을 가득히 채우시고
물고기는 물속에 살아야 생명이 있고
나무는 땅에 뿌리를 내려야 열매를 맺으며
새들은 하늘을 날아야 자유하듯이
나는,
하나님과 함께 살아야 행복한 존재임을 가르쳐 주셨습니다.

이토록 명쾌하고 단순한 진리 앞에서
내 마음의 단단한 벽이 힘없이 무너져 내린 거지요.

이 한없는 가벼움이여.

꽃을 버린 나무만이 열매를 얻고
둥지를 떠난 새들 만이 더 넓은 하늘을 날 수 있듯이
이제 나는 없고
오직 내 안에 생명의 주, 예수 그리스도만 계시기를
오늘도 무릎 꿇어 기도합니다.

이 책을 사랑해줄 여러분과

무명작가인 나의 글을 자랑해주고
강단의 말씀을 통해서 성경적 감성을 심어준 남편과
기도의 배경이 되어 준 예수사랑 가족들 모두에게
감사와 사랑과 존경을 전합니다.

2012 이월 칠일 이른 저녁에
초경 初更 김유순 드림

차 례

프롤로그

Section 1

백만가지 문제라도 해답은 하나
그 찬란한 소망

Section 2

열조의 하나님, 나의 하나님

아브라함 · 이삭 · 야곱 · 요셉의 하나님

Section 1

백만가지 문제라도 해답은 하나
그 찬란한 소망

Genesis

한 그루 나무에도 하나님의 창조원리가

Gospel from The beginning

한 그루 나무에도 하나님의 창조원리가

눈에 보이지 않는 바람을 만드시고 나무 잎사귀를 흔들어 바람이 있음을 보여주신 창조주 하나님께서, 보이지 않는 하나님이 안 믿어진다고 몸부림칠 우리를 위해 하나님의 말씀, 곧 성경을 기록하신 거지요.

하나님의 말씀을 영혼에 담으면 우리 안에서 일어나는 증거를 보고 살아계신 하나님을 실감할 수 있습니다. 마치 바람결에 나무 잎새가 흔들리듯이.

한 그루 나무에도 하나님의 창조원리가

Gospel from The beginning

책이 무거운 것은 원래 나무였기 때문이라고 합니다.

저 산 어디에선가, 아니면 들판 어느 숲 속에서 하늘을 바라보며 서 있었을 나무 한 그루가 이렇게 책이 되어 우리에게 말을 걸어오고 있다고 생각하니, 문득 책 속에서 생명의 숨소리가 들려오는 것 같습니다.

오랜 나무의 나뭇결 속에 태양과 바람과 빗줄기와 시간이 담겨있듯이, 오래 간직한 소중한 책일수록 줄줄 마다 장장마다 우리를 살리고 일으켜 세우는 힘 있는 말과 아름다운 표현들로 가득합니다.

세월과 가치로 친다면, 수천 년 동안 명멸해 간 수많은 책들 중에서 성경만큼 귀하고 경이로운 책이 또 있을까요.

성경은 그 어떤 종교의 교리책도 흉내 낼 수 없는 장엄한 선포로 시작됩니다.

'태초에 하나님이 천지를 창조하시니라.' 창세기 1장 1절 시간을 초월한 절대적 시점으로부터 시작된 하나님의 천지창조는 자신의 형상과 모양에 따라 인간을 창조하심으로써 환희와 기쁨의 정점을 이룹니다.

그러나 사단의 유혹에 빠져 하나님께 불순종한 인간은, 하나님의 공의에 따라 영원한 죽음을 맞이해야 했지만, 하나님의 근원적 속성인 사랑에 따라 온 인류의 죄를 대속할 메시아, 남자의 씨가 아닌, 여인의 후손으로 예수 그리스도를 보내 주시리라는 약속을 받습니다. 창세기 3장 15절

이것이 바로 원시복음 The Original Gospel입니다.

이 약속이 성취되기 이전의 기록을 우리는 구약성서The Old Testament라 부르고, 약속의 성취자로 오신 예수그리스도께서 주신 새 언약의 기록이 신약성서The New Testament입니다. 각각 39권과 27권으로 엮어진 성경에 대하여, 사도 바울은 믿음 안에서 낳은 아들, 사랑하는 디모데에게 이렇게 말합니다.

'성경은 능히 너로 하여금 그리스도 예수 안에 있는 믿음으로 말미암아 구원에 이르는 지혜가 있게 하느니라.' 디모데후서 3장 15절

1600년에 걸쳐 삼십 여명의 기록자들을 통해 전해왔지만 결코 일관된 주제가 흐트러지지 않았음은, 과연 '하나님의 감동' God-breathed으로 쓰여졌음이 분명합니다.

그래서 예수님도 직접 말씀하셨지요.

'너희가 성경에서 영생을 얻는 줄 생각하고 성경을 상고하거니와 이 성경이 곧 내게 대하여 증거하는 것이로다.' 요한복음 5장 39절

따라서 우리는 이 성경을 통해 예수께서 하나님의 아들 그리스도이심을 믿고 그 이름을 힘입어 생명을 얻어야 할 것입니다. 요한복음 20장 31절

성경은 책이 아니라 생명입니다.

진리를 탐구하기 위한 종교서적이 아니라, 진리 그 자체입니다.

눈에 보이지 않는 바람을 만드시고 나무 잎사귀를 흔들어 바람이 있음을 보여주신 창조주 하나님께서, 보이지 않는 하나님이 안 믿어진다고 몸부림칠 우리를 위해 하나님의 말씀, 곧 성경을 기록하신거지요.

하나님의 말씀을 영혼에 담으면 우리 안에서 일어나는 증거를 보고 살아계신 하나님을 실감할 수 있습니다. 마치 바람결에 나무 잎새가 흔들리듯이.

하나님은 우리에게 자신의 공의와 사랑을 보여주고 싶어 하셨습니다.

오직 한 분, 하나님 만나는 길로, 사단의 올무에서 자유케 할 진리로, 사망을 이긴 생명으로 이 땅에 오신 예수 그리스도를 통해서입니다. 요한복음 4장 16절

그 이름 예수 그리스도를 영혼과 마음속에 영접해야만 하나님의 자녀가 되는 이유가 바로 여기에 있습니다. 요한복음 1장 12절

하나님은 이 믿음을 소유한 하나님의 자녀들을 바라보시며 기쁨을 이기지 못하십니다.

'믿음이 없이는 기쁘시게 못하나니 하나님께 나아가는 자는 반드시 그가 계신 것과 또한 그가 자기를 찾는 자들에게 상주시는 이심을 믿어야할 찌니라.' 히브리서 11장 6절

또한, 성경은 하나님의 자녀들에게만 보화로 가득한 비밀의 문을 열어주는데, 그 비밀의 문을 통과하기 위하여 첫 빗장을

열면, 창세기가 기다립니다.

창세기는 히브리어 이름, 베레쉬트In the beginning 즉, 태초에 라는 뜻입니다. 따라서 모든 것의 기원origin을 말해 주는 책이라고 할 수 있습니다.

우주와 인류의 기원은 물론, 죄의 기원, 이 죄로부터 해방 되는 구원 계획의 시작부터, 이 계획을 실행해 가시는 하나님의 역사가 선택된 백성들을 통해서 어떻게 시작되었는지를 보여줍니다.

이 위대한 책은 절대주권을 가지신 하나님의 절대 선언으로부터 시작됩니다.

하늘과 땅을 하나님, 스스로 지으셨다는 것입니다. 이는 공자님도 부처님도 흉내 낼 수 없는 것입니다. 하늘과 땅, 곧 이 우주는 그들에게 탐구의 대상 일 뿐 그들의 창조물이 될 수 없기 때문이지요.

따라서 하나님은 천지를 창조하셨다고 선포하는데 있어 그 어떤 수사나 설명도 붙일 필요가 없었습니다.

왜냐하면 하나님은 스스로 계신 자I-AM_WHO_I_AM이시기 때문입니다.

이 하나님을 우리가 믿는 순간부터 우리의 모든 문제는 끝나는 것입니다. 그럴 수밖에 없는 것이 우리를 모태에서 조성되기도 전에 태에서 나오기도 전에 구별하시고 사랑하신 그 분이 우리의 주인이 맞다면 염려 할 것도 불안 할 것도 두려울 것도 없을 것이기 때문입니다.

그러나 사람들은 이 단순 명쾌한 진리를 자꾸만 분석하고 쪼개고 해석하려고 듭니다.

이에 대하여, 인도의 사도바울이라 불리는 썬다싱은 이렇게 말했습니다.

'어리석은 자여, 밀크를 분석만 하지말고 마셔버리시오.'

차가운 머리에서 뜨거운 가슴까지의 거리는 30cm에 불과 하지만 하나님의 말씀이 머리에서 가슴으로 내려와 머무르기는 그리 쉽지 않습니다. 하지만 성령의 감동으로 쓰여진 하나님의 말씀은 성령의 사람이 될 때 송이꿀처럼 달게 영혼에 부딪혀 옵니다. 디모데후서 3장 16절

썬다싱의 말대로 성경의 모국어는 성령의 감동이니까요.

태초에 하나님이 천지를 지으셨다고 하는 것은, 하나님에 의해 천지 만물이 시작되었음을 의미합니다.

그렇다면 창조 이전의 세계는 어떠했을까요.

땅이 혼돈하고 공허하며 흑암이 깊음 위에 있었다고 말합니다.

또한, 하나님의 신, 히브리어로 '루하으 엘로힘'- '하나님의 숨' 즉 성령님께서 수면에 운행하셨다고 모세는 적고 있는데, 이 '운행하셨다'라는 표현은 히브리어로 '메라헤페트'로써, '새가 소중히 알을 품고 굴리다'라는 뜻이라고 합니다.

이 해석은, 히브리어와 헬라어에 정통한 교수이자 목사인 '유진 피터슨'의 영역으로 더욱 선명해 집니다.

'God's Spirit brooded like a bird above the watery abyss.'

브루드brood라는 단어와 애비스abyss라는 단어에 주목해 보면, '브루드'는 어미 새가 최고의 사랑과 관심을 쏟아 부으면서, 동시에 무엇인가로부터의 공격을 방어하는 아주 진지한 태도로

알을 품는다는 뜻입니다.

'애비스'는 깊고 깊은 굴혈을 의미하는 단어로서 그 구덩이는 두려움과 협박, 절대 절명의 위기 같은 말의 상징어이기도 하지요.

다시 말해서 메라헤페트란, '하나님의 신이 – 축축하고 습기 차고 암울한 깊은 구덩이 위에 지어진 둥지 위에서, 어미 새 한 마리가 조심스러우면서도 사랑스럽게 알을 품고 굴리듯이 그렇게 – 임재하셨다'라는 뜻입니다.

하나님께서는 어둠과 공허와 흑암으로 가득한 이 땅을, 축축하고 음습한 구덩이로부터 슬며시 기어 나올 위험한 존재, 그 존재로부터 강력하게 보호해야 할 의무와 사랑과 긍휼함을 가지고 지켜보셨다는 것이지요. 그리고는 선포하십니다.

'하나님이 가라사대, 빛이 있으라 하시매 빛이 있었고……'
God spoke: "Light!" And light appeared.

그렇습니다. 하나님은 '빛!'이라고 말씀하셨고 그 순간 빛은 짠하고 나타난 것입니다.

사도 요한은 계시록에 기록하고 있습니다.

창조 이 전에 하나님을 대적하여 이 땅에 떨어진 자, 옛 뱀 곧 마귀라고도 하고 사단이라고도 하는 온 천하를 꾀는 자가 땅으로 내어 쫓겼다구요. 요한계시록 12장 9절

이 존재가 바로 창조 이전의 어둠과 공허와 혼돈의 실체 들이며, 말씀으로 그 음흉하고 음습한 상황을 반전 시키신 하나님, 그 하나님은 곧 말씀이시고 말씀이 육신이 되어 이 땅에 참 빛으로 오신 분이 예수 그리스도이십니다.

'태초에 말씀이 계시니라 이 말씀이 하나님과 함께 계셨으니

이 말씀은 곧 하나님이시니라 그가 태초에 하나님과 함께 계셨고 만물이 그로 말미암아 지은 바 되었으니 지은 것이 하나도 그가 없이는 된 것이 없느니라. 그 안에 생명이 있었으니 이 생명은 곧 사람들의 빛이라 빛이 어둠에 비취되 어둠이 깨닫지 못하더라……, 참 빛 곧 세상에 와서 각 사람에게 비취는 빛이 있었나니 그가 세상에 계셨으며 세상은 그로 말미암아 지은 바 되었으되 세상이 그를 알지 못하였고 자기 땅에 오매 자기 백성이 영접지 아니하였으나 영접하는 자, 곧 그 이름을 믿는 자들에게는 하나님의 자녀가 되는 권세를 주셨으니, 이는 혈통으로나 육정으로나 사람의 뜻으로 나지 아니하고 오직 하나님께로서 난 자들이니라' 요한복음 1장 1~13절

'말씀이 육신이 되어 우리 가운데 거하시매 우리가 그 영광을 보니 아버지의 독생자의 영광이요 은혜와 진리가 충만 하더라' 요한복음 1장 14절

우주와 만물을 창조하신 창조주, 성부 하나님이 천지를 지으시고, 하나님의 대적자, 사단으로 인하여 흑암과 공허와 혼돈으로 가득한 땅을 성령 하나님께서 긍휼과 사랑으로 지켜보시다가 말씀으로 참빛 되신 성자 예수 그리스도를 이 땅에 보내심으로써, 삼위일체 하나님께서는 빛으로 어둠을 밀어내고, 에덴의 아름다운 것들로 공허를 채우신 후, 물고기는 물속에 살아야 생명이 있고 새는 공중을 날아야 자유하며, 나무는 땅에 뿌리를 내려야 꽃이 피고 열매를 맺는다는 생명질서와 창조질서로 혼돈을 물리치신 것입니다.

창세기의 비밀이 여기에 있습니다.

이 비밀의 문에 들어서는 순간, 어두웠던 마음이 환해지고, 꿈도 없고 비젼도 없고 소망도 없이 존재 이유를 몰라 혼란스

러웠던 삶에 규모와 질서가 잡히며, 공허하고 고독해서 뻥 뚫려있던 가슴이 생명 있는 아름다움으로 가득 채워져 빛으로 충만할 것입니다.

하나님의 창조역사는, 빛으로 어둠을 밀어내는 것으로부터 시작되었으니까요.

오월의 찬란한 봄볕이 쏟아져 들어오는 베란다에, 햇살 그득히 안고 자라나는 나무 잎새에서 마치 생명의 환호성이 들려오는 듯합니다. 몽실 몽실 피어난 꽃들이 지면 그 꽃자리에 빨간 열매가 보석처럼 달릴 것입니다.

싱싱하게 자라는 나무 한 그루에서, 오늘도 창조주 하나님을 향한 경외심을 배웁니다.

Genesis

오, 아름다운 사람이여!

Gospel from The beginning

오, 아름다운 사람이여!

사람을 지으신 하나님은 감탄하셨습니다.

'It was so good, so very good!' 하나님이 보시기에 심히 좋았더라!

하나님의 형상대로 지어졌다고 하는 것은 인간이 곧 하나님을 닮은 하나님의 가장 소중한 자녀로 지음 받았음을 의미합니다.

오, 아름다운 사람이여!

Gospel from The beginning

오월을 보내고 유월이 왔습니다.

보랏빛 포도송이 같은 꽃들을 다롱다롱 매달은 등나무 꽃 아래, 싱글게 엮인 나무벤취에 잠시 몸을 누이면, 촘촘히 피어난 꽃들로 뒤덮힌 보라색 꽃하늘이 또 하나 열립니다.

아무리 단순하고 평범한 것이라도 우리의 삶에 첫 경험으로 다가올 때는 새롭고 경이로운 것으로 다가오듯이, 늘 보고 지나치는 등나무 꽃이라도 서서 바라보는 것하고 누워서 바라보는 그것이 너무나 달라서 놀랍니다.

세상은 이렇게……, 조금만 여유로운 마음으로 들여다보면, 온갖 놀라운 것으로 가득 차 있습니다.

유월 장미의 향기로움과 꽃가루 나르는 작은 꿀벌들의 쉬지 않는 날개 짓, 그 독특한 향기와 쉼 없는 힘을 불어 넣으시는 하나님의 신묘막측神妙莫測함 앞에서 우리는 경외의 무릎을 꿇지 않을 수 없습니다.

오랜 세월 고행의 길을 걸으며 진리를 찾아 헤맸던 성철 스님이, 산은 산이고 물은 물이라고 말했던 것도 어쩌면, 창조주 하나님을 모르고서는 도저히 그 존재의 비밀을 풀 수가 없어 '그냥 있는 그대로 있는 것'이라고 말했을 것입니다.

그래서 진리를 묻는 제자승에게 '이놈아 내가 진리를 깨달았으면 벌써 산에서 내려갔지 여기에 있겠느냐' 라고 했었다는 일화는, 어찌 보면 하나님, 곧 진리이신 예수 그리스도 요한복음 14장 6절, 요한복음 8장 31~32절 를 모르는 분으로서 가장 솔직한 답변이 아니었나 생각됩니다. 불교의 세계화를 일구어 내신 숭산스님도 '오직 모를 뿐'이라는 자세를 지키라고 하셨으니, 이것이 곧 종교의 한계입니다.

그런데 창세기는 그 산과 물의 생성과정은 물론, 존재 의미와 창조 원리를 명쾌하고 단순한 진리로 선포합니다.

'하나님이 가라사대 천하의 물이 한 곳으로 모이고 뭍이 드러나라 하시매 그대로 되니라 하나님이 뭍을 땅이라 칭하시고 모인 물을 바다라 칭하시니 하나님의 보시기에 좋았더라……, …… 하나님이 땅의 짐승을 그 종류대로, 육축을 그 종류대로, 땅에 기는 모든 것을 그 종류대로 만드시니 하나님의 보시기에 좋았더라.' 창세기 1장 9~25절

하나님의 창조 역사는 육 일간 계속됩니다.

창세기를 기록한 모세는, 하루가 천 년 같고 천 년이 하루 같은 하나님의 시간표로 여러 신학자들의 구구한 시간 계산법에 대해 단호하게 선을 긋습니다.

'저녁이 되며 아침이 되니, 이는 첫 째 날이라.' It was evening, it was morning – Day One

저녁이 되며 아침이 되었다는 말은 모든 창조물이 하나님의 계획에 따라 질서대로 창조되고 있음을 의미합니다.

동시에 하나님은 시간의 주인이시며, 시간 속에 존재하는 모든 창조물은 하나님의 절대적인 주권 아래서 하나님의 뜻대로 움직이고 있음을 가리키고 있습니다. 바울 성경 시리즈 창세기 18p 3줄 참조: 도서출판 바울

청명한 하늘과 기름진 땅위로 온갖 아름다운 꽃들과 과실과, 씨 맺는 채소들과 나무들을, 그리고 하늘을 자유롭게 날아다니는 깃이 고운 각종 새들, 바다에서 헤엄치는 색색 모양의 물고기들, 그리고 에덴에서 흐르는 네 강줄기는 정금으로 빛났습니다.

이 모든 피조물 위에 가장 아름다운 창조물이 탄생 되었으니……, 바로 '사람' 입니다.

하나님의 형상과 모양을 따라 지음 받은 인간은 하나님의 완벽한 계획 속에서, 그 어느 피조물 보다 복 받은 존재로, 그리고 이 땅에 존재하는 다른 피조물들을 다스리는 존재로 지음 받았습니다. 창세기 1장 26~28절

이 땅에서 번성하고 충만하여 하나님을 기쁘시게 할 최고의 가치 있는 존재로 지음 받은 것입니다.

사람을 지으신 하나님은 감탄하셨습니다.

'It was so good, so very good!' 하나님이 보시기에 심히 좋았더라!

하나님의 형상대로 지어졌다고 하는 것은 인간이 곧 하나님을 닮은 하나님의 가장 소중한 자녀로 지음 받았음을 의미합니다.

소위, 우리가 즐겨 말하는 만물의 영장이라는 것이지요.

그럼에도 불구하고 오늘 날, 자신의 운명을 동물과 썩어질 버러지의 형상으로 바꾸어, 개띠, 소띠, 말띠대로 살고, 삶은 돼

지 머리에 절까지 하며 복 받기를 빌고 있으니 여간 한심한 일이 아닙니다.

심지어는 살아있는 닭을 산채로 죽여서 죽은 조상귀신을 달래어 한을 푸는 무당들의 행위는, 창조 이전에 이미 하나님을 대적하여 이 땅에 떨어져 천하를 꾀는 옛 뱀, 곧 큰 용으로서 요한계시록 12장 7~9절

인간 세상에 어둠과 혼돈과 공허를 가져온 사단, 마귀, 귀신의 정체에 대하여 알지 않고는, 이해하기 힘든 일입니다.

그것은 믿지 않는 자들의 마음을 혼미케 하여 하나님, 곧 그리스도의 광채 앞에 나아가지 못하게 하는 사단의 전략이기 때문입니다. 고린도후서 4장 4절

하나님이 원하시는 세상은 에덴입니다. 이는 헬라어로 '파라다이스'인데 환희, 기쁨을 의미한다고 합니다. 사람을 창조하시고 에덴에 두신 하나님의 의도는 하나님과 사람, 서로에게 기쁨이 넘치기를 소망하셨습니다.

이 기쁨은 단순한 진리에서 시작됩니다. 물고기는 물속에 살아야 생명이 있고 목마르지 않습니다. 새는 공중을 날아야 자유하며 노래할 수 있습니다. 나무는 땅에 뿌리를 내려야 잎도 피고 꽃도 피며 열매를 맺습니다.

이와 같이 하나님의 숨결을 불어 넣어 영적인 존재로 지음받은 우리 인간은 영이신 하나님과 함께 있어야 기쁨과 생명을 동시에 누립니다. 창세기 2장 7절

사람이 하나님을 떠나는 순간, 인간은 뿌리 뽑혀진 나무처럼 시들고 말라비틀어져 아무리 몸부림 치고 열심히 살아 보아도 보람도 없고 열매도 없이 허무하기만 합니다.

살아있는 것 같으나 사실은 죽어 있는 것이지요. 성경은 하나님을 떠난 우리의 영이 이미 사망 상태라고 말하고 있습니다. 에베소서 2장 1절

또한, 물 떠난 물고기처럼 늘 목마르고 애가 탑니다. 그래서 우물가 사마리아 여인은 남편을 다섯이나 두었지만, 창조주 하나님의 영이신 예수 그리스도를 만나기 전 까지는, 어떤 행복이나 만족함 없이 수치심과 죄의식 가운데 살아야 했던 것입니다.

하나님 떠난 인간은 너무나 가엾게도 새 장에 갇힌 새처럼, 자유도 없이 뭔가에 묶여 무기력 가운데 노예처럼 살아갑니다. 돈에 묶이고 인간관계에 눌리며 염려와 근심과 두려움 가운데 미래에 대한 소망도 없이 막연하게 살아갑니다.

이런 인간의 모습에 대해 성경은 마귀에게 눌렸다고 말합니다. 사도행전 10장 38절

이 모든 문제는 하나님을 떠날 때 생긴 문제이기 때문에, 그저 하나님을 만나면 해결됩니다. 그 만나는 유일한 길로 이 땅에 오신 예수 그리스도, 그분을 우리의 영혼에 영접하면 우리는 곧바로 하나님의 자녀로서 창세로부터 받은 모든 축복과 권세가 회복됩니다. 요한복음 1장 12절, 사도행전 4장 12절

이 단순 명쾌한 생명원리와 창조원리를 모르는 인간들이 몸부림치며 만들어 낸 것이 종교이고 철학이며 미신입니다.

그러나 태초에 천지를 지으신 하나님, 그 영광 본체를 버리고 참 빛, 곧 태초에 생명의 빛으로, 말씀이 육신이 되어 이 땅에 오셔서 요한복음 1장 1~14절, 죽음을 이기시고 부활하심으로 지금 성령으로 함께 계시는 예수 그리스도께서 우리 영혼의 주인이 되어 주실 때, 우리는, 사람을 아름답게 지으시고 기쁨을 이기

지 못하여 감격하셨던 창조주 하나님의 음성을 다시 들을 수 있습니다.

'잇 이즈 쏘우 굳, 쏘우 베리 굳!' 'It is so good, so very good!'

Genesis

에덴의 법칙

Gospel from The beginning

에덴의 법칙

창세기 2장에는 사람이 꽃 보다 더 아름답게, 새들 보다 더 자유하게, 그리고 죽음보다 더 큰 사랑으로 행복하게 살아갈 수 있는 낙원의 법칙, 곧 에덴의 법칙이 있습니다

꽃보다 아름다운 것이 사람이라고 말합니다.

하지만 이 세상에서 젤 무서운 존재가 사람이라고도 말합니다.

그래서 어두운 밤길에 들짐승을 만나는 것 보다 낯선 사람을 만나는 것이 더 두려운 일이라고들 합니다.

그러고 보면 사람만큼 오묘한 존재가 없습니다.

무궁무진한 창의력으로 하나님의 창조세계를 넘나드는 것 같지만, 무에서 유를 만들 수는 없습니다.

목숨을 버려 누군가를 사랑하는 것 같지만, 자신의 유익이나 감정에 상관이 없을 때는 무섭게 차가워지거나, 혹은 상대방의 목숨을 노릴 만큼 잔인해지기도 합니다.

법이라는 것을 만들어 놓고 하나님처럼 심판 하지만, 사랑의 법과 공의의 법을 동시에 실천할 수는 없습니다.

사랑에 무게를 두면 공의가 기울어지고, 공의에 무게를 두면 사랑의 법칙이 손상을 입습니다.

그런데 창세기 2장에는 사람이 꽃 보다 더 아름답게, 새들 보다 더 자유하게, 그리고 죽음보다 더 큰 사랑으로 행복하게 살아갈 수 있는 낙원의 법칙, 곧 에덴의 법칙이 있습니다.

에덴의 법칙, 그 첫 번째는 안식일을 지키는 것입니다.

하나님께서는 만물을 창조하시고 일곱째 날을 복 주시고 거룩하게 하셨으며 안식하셨습니다.

하나님께서 일곱 째 날 쉬신 것은, 피곤하셔서가 아니라, 그 날을 다른 날과 구별하시기 위함이었습니다.

실제로 거룩의 명사형이 히브리어로 '코데쉬'인데, 분리, 차단을 의미합니다.

따라서 우리가 주님의 날인 안식일을 세상 사람들과 구별하여 예배로 지킬 때, 우리는 에덴의 축복을 누릴 수 있습니다.

그런데 지금까지 우리가 오해한 것은 주일 날 우리가 하나님을 '위하여' 예배를 드려준다고 생각한 것입니다. 예배를 드려야 하나님이 영광 받으시고 기분이 좋으셔서 복 주신다고 착각해서입니다.

예수님은 분명히 말씀하십니다.

'또 가라사대 안식일은 사람을 '위하여' 있는 것이요, 사람이 안식일을 위하여 있는 것이 아니니, 이러므로 인자는 안식일의 주인이니라.' 마가복음 2장 27~28절

그렇다면, 하나님은 우리와 무엇을 차단하고 분리시키기를 원하셨을까요……

바로 그것은 만물이 창조되기 전 이미 존재하였던 어둠과 공허와 혼돈의 세력인 사단의 영향권에서 우리를 분리해 놓으시길 원하셨던 것입니다. 창세기 1장 2절, 요한계시록 12장 9~12절

하지만 인간은 그만, 뱀 속에 들어간 간교한 사단의 꼬임에 빠져 낙원을 상실합니다. 창세기 3장

따라서 실낙원의 고통에서 해방되는 길은 하나님과 동행함으로써 사단의 세력을 차단시키는 것입니다. 이 일은 주님의 날, 예배를 통해서 확인 되고, 우리의 삶과 영혼이 쉼을 누림으로 복을 얻게 됩니다.

또한, 하나님께서는 사람을 지으실 때 흙dirt으로 빚으시고 그 코에 생기를 불어넣어 생령이 되었다고 성경은 말합니다.

생령A living soul이 되었다는 말은, 영적인 존재가 되었다는 말입니다.

한낱 먼지dirt일 수 밖에 없었던 우리가 만물의 영장이 될 수 있었던 것은, 하나님의 숨, 즉 호흡이 우리 안에 불어 넣어 졌기 때문입니다.

왜 하나님은 사람에게만 호흡을 불어 넣으셨을까요…….

하나님, 자신의 형상과 모양을 따라, 자신의 계획에 의해 창조된 사람을 하나님은 사랑하셨고, 함께 사귐을 갖기를 원하셨기 때문입니다.

영적인 존재인 하나님과 교제하려면 반드시 영적인 존재여야 합니다.

하나님의 호흡이 없는 원숭이와 진돗개는 아무리 영리해도, 진리에 대해 고민하거나 인생문제에 대해 질문을 던지지 못합니다.

그저 썩어질 흙덩어리로만 지어져서, 먹고 자고 배부르면 만족하며 살다가 썩어 없어집니다.

좀 극단적인 표현이라 할 수도 있겠지만, 사람과 동물의 차이는 영적인 예배에 대한 관심에서 시작된다고 해도 과언이 아닙니다.

예수님이 만나 주신 사마리아 여인은 당시 유대율법에 의하면 비천한 창녀요, 이방여자로서 개 취급을 당했습니다.

그럼에도 불구하고 그 여인은 예수님께 질문합니다.

'여자가 가로되 주여 내가 보니 선지자로소이다 우리 조상들은 이 산에서 예배하였는데 당신들의 말은 예배 할 곳이 예루살렘에 있다 하더이다.' 요한복음 4장 19~20절

비록 세상 사람들의 잣대에 의해서는 죄인으로 정죄되어 살고 있던 여인이었지만, 예수님께서 사마리아로 가셔야만 했던 had to go 당연한 이유는 올바른 예배에 대해 질문을 가지고 있던 그 여인에게 에덴의 축복을 주시기 위함이었을 것입니다.

예배에 성공하면 삶에 성공합니다.

에덴의 법칙 그 두 번 째는 남자와 여자가 누리는 혼인의 법칙입니다.

'이는 내 뼈 중의 뼈요 살 중의 살'이라고 감격하는 사랑의 환호성은 에덴에 있을 때만 가능합니다.

창세기 3장에 출현한 사단의 궤계에 속으면 그 감격은 한 순간에 사라지고, '바로 이 여자 때문'이라며 온갖 불평을 늘어놓으며 책임을 전가하는 그것이 바로 하나님을 떠난 남자들의 속성입니다.

이 때, 가정은 깨지고 그것을 보고 자란 후대인 가인과 아벨은 미워하다 못해, 죽이고 죽임을 당하는 비극을 낳습니다.

하나님과 우리 사이를 분리시키고 사람과 사람 사이를 이간질하는 거짓말쟁이, 욕심쟁이, 살인자, 우리의 삶을 도적질하고 훔치고 멸망으로 끌고 가는 사단, 마귀 귀신의 정체를 모르면, 케임브릿지 교수이자, 기독교 최고의 변증가 였던, CS루이스의 말대로 '웨딩드레스 입고 카펫을 밟으며 나가는 순간, 10년 후에 일어날 재앙의 씨앗을 뿌리는 것'입니다. 요한복음 8장 44절, 요한복음 10장 10절

여자는 남자를 돕는 배필로서 서로 사랑하되, 부모를 떠나 한 몸을 이루어야 합니다.

그런데 재미있는 현상의 하나로써 요즘 신세대들의 일부는, 결혼은 했는데 부모를 못 떠납니다. 늘 물질적으로나 정신적으로 그 주변을 맴돕니다. 그래서 마마보이라는 말도 생겨나고, 겉보리 서 말 만 있으면 처가살이 하지 말라는 교훈도 있습니다.

하긴 어렸을 때부터 독립성 없이 부모의 집착과 간섭 속에서 자란 자녀들이고 보니 무엇 하나 스스로 결단하고 행동할 힘이 없어서 일 것입니다.

이런 후대들의 결혼 생활은 늘 좌충우돌하거나 부모님이 돌아가실 때까지 도움만 받으며 살려고 합니다. 그렇다면 부모에게 효도하라는 십계명은 어떻게 지키라는 말일까요.

부모의 집착에서 떠나지 못하고 평생을 기대서 사는 것과 효도와는 별개의 문제입니다.

마지막으로 하나님과 우리 사이에 체결된 은혜계약을 지키는 것이 곧 에덴을 누리는 법칙입니다.

'여호와 하나님이 그 사람에게 명하여 가라사대 동산 각종 나무의 실과는 네가 임의로 먹되, 선악을 알게 하는 나무의 실과는 먹지 말라 네가 먹는 날에는 정녕 죽으리라.' 창세기 2장 16~17절

원래 계약이라고 하는 것은 쌍방의 합의에 의해 각자의 유익에 따라 체결되는 것입니다.

그런데 이 계약은 하나님께서 일방적으로 정하셨을 뿐 아니라, 소위 '은혜'로 맺어졌다는 점에서 세상 계약과는 다릅니다.

이 명령이 은혜계약일 수 있는 것은, 이 계약을 이행할 때 우리는 비로소 에덴의 축복을 누릴 수 있기 때문입니다.

그렇다면 하나님은 왜 에덴의 모든 것을 주시고 유독 선악과 하나에만 예외 규정을 두셨을까요…….

여기에, 에덴에서 복을 누릴 수 있는 비밀이 숨겨져 있습니다.

이 비밀은 누구나 알면 비밀이 아닙니다.

Genesis

선악과의 비밀

Gospel from The beginning

선악과의 비밀

여호와 하나님이 그 사람에게 명하여 가라사대 동산 각종 나무의 실과는 네가 임의로 먹되 선악을 알게 하는 나무의 실과는 먹지 말라 네가 먹는 날에는 정녕 죽으리라 하시니라 – 창세기 2장 16~17절 하나님은 왜, 금단의 열매를 에덴에 두셨을까요.

비밀이 비밀일 수 있는 것은, 누구나 아는 보편적인 것이 아닌, 특별한 것이기 때문입니다. 그래서 사람들은 그 비밀을 파헤쳐 보려고 합니다. 생명의 비밀이 알고 싶어서 생명 공학을, 우주의 비밀이 알고 싶어서 우주 과학을 발전시켜보지만, 아직도 그 비밀을 다 풀지 못하고 있습니다.

역사에 남을 만한 업적을 세운 사상가들이나 철학자들, 문학가들 또한, 인간 내면의 비밀한 세계에 대해 끊임없는 질문을 거듭하며, 자기 영역의 비밀을 풀어보려 몸부림 쳤던 사람들입니다.

예컨대 부처님은 생노병사의 비밀을 풀어보려고 황태자의 자리를 버리고 고행의 길을 걸었습니다.

헤밍웨이는 인간의 삶이란 궁극적으로 무엇인지, 어떻게 사는 것이 행복한 것인지 쉴 새 없이 질문하고 도전하는 가운데, 그 비밀을 풀어나갈 실마리를 찾아 글로 옮겼습니다.

니이체는 형이상학적인 세계에 대한 탐구로 일생을 바쳤습니다.

그러나 부처님은 사람이 왜 나고 죽으며 병들고 늙어 가야만 하는지에 대한 물음을 위대한 화두로 남긴 채, 자신도 그 죽음을 이기지 못하고 병들어 죽어가야만 했습니다.

헤밍웨이는 네 명의 아름다운 여인들과 사랑하고 헤어지며 소설 같은 삶을 살았지만, 끊임없이 찾아오는 고독과 허무를 이기지 못해 엽총자살로 생을 마감했습니다.

그가 쓴 소설대로, 청새치 한 마리를 지키기 위해 상어 떼들과 끈질긴 사투를 벌였지만, 결국 뼈만 앙상히 남은 거대한 물고기를 끌고 돌아온 노인과 그 고독한 바다처럼.

기독교가 하나님, 천국, 부활 따위의 허구적 개념을 조작하여 인간을 무기력하게 했다고 비난하며 인간 스스로 갖는 내면의 의지와 신뢰를 강조했던 니이체 그 역시, 정신 병원 바닥을 기어 다니다가 쓸쓸한 죽음을 맞이했다는 것은 누구나 다 아는 사실입니다.

그런데 놀라운 것은 이들이 고민하고 탐구하며 풀어보려 애썼던 그 비밀들의 실마리가 바로 선악과 안에 있다는 것입니다.

다시 말해 부처님이 풀어보려 애썼던 고통의 문제, 헤밍웨이가 풀어보려 했던 두려움과 허무의 문제, 니이체가 울부짖었던 '신이 죽어버린' 세상의 타락과 인간의지의 한계에 대한 해답이 금단의 열매인 선악과로부터 시작되어 창세기 3장에 명확하게 설명되어 있습니다.

창세의 비밀 - 하나님께 불순종함으로, 사단의 궤계에 빠져 죄에 묶인 인간들의 문제, 나고 죽음의 문제, 그 문제의 원인은 물론 해답까지도 얻을 수 있는 비밀의 문이 여기에 열려 있습니다.

사람들은 묻습니다.

하나님이 왜 선악과를 에덴에 만들어 두셨느냐고……, 아니 만들어 두신 것까지는 그렇다 치더라도, 인간이 따먹을 줄 이미 알고 계셨다면 음흉하기 짝이 없으니, 자칭 사랑이신 하나님으로서 자격이 없고, 모르셨다면 하나님의 전지 전능성이 의심스럽다는 것입니다.

신학으로 신앙을 설명할 수 없고,

신앙으로 설명하자니 이론과 논리에 능한 이들에게는 설득력이 없습니다.

따라서, 지혜와 지식의 모든 보화가 감추어진 하나님의 비밀, 예수 그리스도, 그 지혜를 힘입어, 세상의 수준과 초등학문을 뛰어넘는 하나님의 수준으로 설명해야 합니다.

앞에서 이미 언급한 대로 선악과는 하나님과 인간이 맺은 은혜계약이었습니다.

에덴에서의 영원한 행복을 지켜주기 위해 하나님께서 만들어 놓으신 시청각 자료요, 기억장치라는 것입니다.

그렇다면 하나님께서는 무엇으로부터 아담과 하와를 지키고 싶어 하셨을까요.

하나님의 주권과 통치를 거부하고 그분의 권위에 도전하는 것을 막기 위한 의도였다면, 하나님이 그토록 쫀쫀하고 나약한 분이신가요. 아니면 자유의지를 주어서, 어디 어떻게 행동하나 보자, 잔인하게 시험하시는 분일까요. 이런 수준의 하나님이시고 천주님이시라면 차라리 믿지도 말고 교회도 나가서는 안 됩니다.

실제로 종교적이고 율법적인 해석에 의하면, 선악과는 인간 의지의 제약을 통해 인간의 방종을 막으려했다는 것입니다. 다소 설득력이 있어 보이기는 하지만, 결국 교리적 수준의 해석에 불과합니다.

선악과의 비밀은 영적인 눈을 열고 복음적인 시각으로 바라보지 않으면 절대로 풀려지지 않습니다. 눈에 보이지 않으나 실재하는 사단에 대해 성경은 이렇게 그 정체를 폭로합니다.

'하늘에 전쟁이 있으니 미가엘과 그의 사자들이 용으로 더불어 싸울 새 용과 그의 사자들도 싸우나 이기지 못하여 다시 하늘에서 저희의 있을 곳을 얻지 못한지라. 큰 용이 내어 쫓기니 옛뱀 마귀라고도 하고 사단이라고도 하는 온 천하를 꾀는 자라 땅으로 내어 쫓기니 그의 사자들도 저와 함께 내어 쫓기니라' 요한계시록 12장 7~9절

하나님과 사람 사이에 누려야 할 아름다운 축복, 에덴의 축복을 빼앗아가기 위해 호시탐탐 노리고 있는 존재, 천하를 꾀는 자, 사단, 마귀가 아담과 하와의 가정을 공격할 것을 하나님은 이미 아시고 '너희는 나와 함께 있어야 안전하다'는 메시지로 기억장치를 주신 것입니다.

흑암과 공허와 혼돈으로 몰고 갈, 거짓말쟁이, 속이는 자, 사단의 궤계로부터 보호하기 위한 안전장치였지요.

그래서 우리는 이 선악과를 하나님의 은혜계약이라고 부르는 것입니다.

이에 대한 근거는 선악과를 따먹고 두려움과 수치심을 이기

지 못하여 수풀 뒤에 숨어버린 아담을 향하여 던지신 하나님의 질문에서 찾을 수 있습니다.

'여호와 하나님이 아담을 부르시며 그에게 이르시되, 네가 어디 있느냐' Where are you? 창세기 3장 9절

하나님의 첫 질문은 '왜 따먹었느냐'는 것으로 시작되지 않습니다. 아담이 선악과를 따 먹는 불순종의 행위에 관심을 두셨다면 왜 따먹었는지를 먼저 질문 하셨을 것입니다.

그러나 하나님의 절대관심은 아담의 소재에 있었습니다.

물고기가 물을 떠나면 죽듯이, 나무가 땅을 떠나면 시들어 말라버리듯이 인간은 하나님을 떠나면 죽게 됩니다. 이것이 창조의 법이고 생명원리입니다.

그것을 알고 노리는 자가 바로 사단 마귀인 것도 아셨던 것입니다.

그래서 바로 그 간교한 자, 진리가 없어 남의 것을 제 것인양 흉내 내는 거짓말장이의 속삭임으로부터 요한복음 8장 44절 아담과 하와를 격리시키고자 하신 하나님의 사랑과 은혜의 방법이 바로 선악과입니다.

하나님은 아담과 하와를 거짓말로 속인 그 사단을 미워하셨습니다. 미워하신 정도가 아니라 원수라 칭했고 그 존재와 전쟁을 선포하셨습니다.

'여호와 하나님이 뱀에게 이르시되……, 내가 너로 여자와 원수가 되게 하고 너의 후손도 여자의 후손과 원수가 되게 하리니 여자의 후손은 네 머리를 상하게 할 것이요……' 창세기 3장 14, 15절

히브리적 해석은 이렇습니다.

'내가 너의 후손과 여인의 후손 사이에 전쟁을 선포하노라.'
I'm declaring war between you and the Woman, between your offspring and hers. The Message

아담과 하와의 범죄 현장에 들려온 최초의 희망메시지, 이것을 원시복음이라고 하는 이유는 에덴의 상실로부터 오는 고통과 죽음을 이길, 최초의 기쁜 소식이자 하나님의 약속, 곧 언약 Covenant이기 때문입니다. 이 약속은 부처님이 이 땅에 태어나기 백 년 전에, 이사야 선지자를 통해서 다시 확인됩니다.

'보라, 처녀가 잉태하여 아들을 낳을 것이요, 그 이름을 임마누엘이라 하리라.' 이사야 7장 14절

임마누엘이란 하나님이 우리와 함께 하신다는 뜻입니다. 하나님을 떠나 생긴 실낙원의 문제는 하나님을 만나야만 해결됩니다. 임마누엘, 원시복음의 성취자로, 동정녀 마리아의 몸을 빌려 이 땅에 오신 여인의 후손, 만왕의 왕으로 이 땅에 오셔서 마귀의 일을 멸하신 예수 그리스도는 하나님의 형상입니다. 요한일서 3장 8절, 고린도후서 4장 4절

하나님이 에덴동산 중앙에 두신 선악과 안에는 사단의 공격으로부터 에덴의 축복을 사수하려는 하나님의 적극적인 은혜가 숨겨져 있습니다.

선악과의 비밀.

오묘한 일은 우리 하나님 여호와께 속하였다고 성경은 말합니다. 신명기 29장 29절

Genesis

고통의 문제, 시작을 알면 끝이 보인다

Gospel from The beginning 첫번째

고통의 문제, 시작을 알면 끝이 보인다
첫번째

'내가 눈을 뜨니 어둠에서 빛으로, 사단의 권세에서 하나님께로 나아왔습니다. 그 곳에는 죄 사함이 놓여져 있었습니다. 이 일에 있어 나는 증인입니다.' 사도행전 26장 9~18절

고통의 문제, 시작을 알면 끝이 보인다
Gospel from The beginning 첫 번째

-그 첫 번째-

항간에 회자되는 어느 무명시인의 시 한 구절이 주는 의미가 특별합니다.

'사랑하면 알게 되고, 알면 보이나니, 보이는 것이 전과 같지 아니하도다.'

사랑에는 조건이 따르지 않습니다.

하나님은 우리를 사랑하시되 끝까지 사랑하시고, 우리가 아직 죄인 되었을 때, 독생자 예수 그리스도를 십자가에 내어주심으로 우리에 대한 사랑을 확증하셨습니다.

그 사랑이, 자신의 의지가 아닌 하나님의 은혜로 가슴 속에 사무쳐 오는 날, 우리는 하나님을 사랑하게 됩니다.

하나님을 사랑하게 되면, 하나님이신 예수님이 영광 본체를 버리고 성경대로 이 땅에 오셔서, 성경대로 왜 십자가에서 처절하게 죽으셔야 했는지, 그리고 부활하셔서 성령으로 우리와

지금도 함께 하시기를, 왜 원하시는지 알게 되는 지혜를 얻습니다.

이 지혜를 얻으면 이 세상이 전과는 다르게 보입니다.

세상이 전과 다르게 보인다는 의미는, 자신의 기준이나 논리적 사고에서 벗어나 비로소 영적인 세계를 본다는 것을 의미합니다.

하나님의 말씀을 대할 때도 마찬가지입니다.

논리적 율법주의나 맹신적 기복주의, 광신적 신비주의에서 벗어나 하나님의 약속을 보는 언약적인 눈으로 성경을 대하게 됩니다.

스데반의 순교현장에서 교회의 핍박자로 섰던 냉정한 바울은, 다메섹에서 예수 그리스도를 만난 후 그 눈에서 비늘이 벗겨져서, 새로운 세계를 봄으로써 새로운 사람이 되어, 전에 핍박하던 예수님을 위해 목숨을 아끼지 않는 사도가 되었습니다.

그는 예수의 추종자라는 이유로 왕과 총독 앞에 초라한 죄수로 세워졌지만, 복음적이고도 진실한 변증을 통해 재판정을 압도하는 승리자가 되어 이렇게 고백합니다.

'내가 눈을 뜨니 어둠에서 빛으로, 사단의 권세에서 하나님께로 나아왔습니다. 그 곳에는 죄 사함이 놓여져 있었습니다. 이 일에 있어 나는 증인입니다.' 사도행전 26장 9~18절

이 고백이 우리의 고백이 되어 영적인 세계를 보게 되고, 어둠과 사단의 권세가 일상의 삶 속에서 실감 될 때 비로소 우리는, 우리에게 찾아오는 갖가지 고통의 문제가 어떻게 시작되었는지 알게 되고 보게 됩니다.

문제의 시작이 보일 때 끝이 보이고 또한 해결책을 얻게 될 것입니다.

결론부터 말하면, 이 문제의 시작은 창세기 3장이고 그 문제의 끝, 즉 해결책은 창세기 3장 15절에 숨겨져 있다는 것이 놀랍습니다.

대부분의 사람들이 무당이나 점쟁이가 귀신 들려 작두 타고 점치는 것은 인정하면서 실제로 자신의 생각이나 습관이나 가정 속에 스며들어 삶을 파괴하는 사단의 존재에 대해서는 알지도 못하고 보지도 못합니다.

그러나 성경은, 간교한 들짐승인 뱀 속에 사단이 들어가 요한계시록 12장 9절, 요한계시록 20장 2절, 고린도후서 11장 3절 아담과 하와에게서 에덴의 축복을 빼앗아 버리고 사랑으로 뭉쳐진 가정을 파괴시켰으며, 결국 그 후손인 가인까지도 최초의 살인자로 전락시켰음을 명백하게 밝히고 있습니다.

창세기 3장은 이렇게 시작됩니다.

아름답고 평화로운 에덴동산에 사단이 찾아와 하와를 유혹합니다.

"하나님이 참으로 너희더러 동산 모든 나무의 실과를 먹지 말라 하시더냐?"

'참으로'는 히브리어로 '아프키'라고 합니다. 영어로는 'Really?…… Really?'라고 묻는 것으로써 상대방으로 하여금 의심하고 적대하도록 유도하는 것입니다.

게다가, 분명 하나님은 '선악을 알게 하는 나무의 실과'라고 하셨는데도 '모든 나무의 실과'라고 슬쩍 말을 바꿉니다.

이때 하와의 대답이 걸작입니다.

"하나님의 말씀에 먹지도 만지지도 말라, 너희가 죽을까 하노라……"

분명 하나님께서는 네가 이것을 먹는 날에는 '정녕 죽으리라' 'you will surely die' 하셨음에도 불구하고 하나님의 말씀을 간과해 버립니다.

자신의 동기와 유익에 따라 하나님의 말씀을 변질시키고 가감시키는 이 시대의 이단적 사상은 바로 여기에서 시작된 것입니다.

이단heresy은 다른 게 이단이 아닙니다. 처음엔 맞는 말을 하다가 끝만 살짝 바꿔 우리를 현혹하는 것입니다.

그러고 보면, 교황 바오로 2세가 발표했던 '창조적 진화론'에 대해서도 다시 생각해 봐야 합니다. 하나님은 더하거나 빼는 것을 싫어하십니다. 창조론이면 창조론이고 진화론이면 진화론이지, 과학의 비위를 맞추는 종교, 세상의 초등학문과 영합하는 어정쩡한 믿음은 하나님도 뱉어버린다고 하셨습니다. 골로새서 2장 8절 갈라디아 교회를 향한 사도바울의 경고는 이렇습니다.

'……, 우리나 혹 하늘로부터 온 천사라도 우리가 너희에게 전한 복음 외에 다른 것을 전하면 저주를 받을찌어다……, 이제 내가 사람들에게 좋게 하랴 하나님께 좋게 하랴 사람들에게 기쁨을 구하랴 내가 지금까지 사람의 기쁨을 구하는 것이었더면 그리스도의 종이 아니니라.' 갈라디아서 1장 8~10절

오늘날의 교회가 성경을 떠나, 철학이나 윤리, 정치, 도덕 강좌로 전락해 버린 것도 우리 인생에 고통이 시작된 또 하나의 이유라 할 수 있습니다.

말씀을 살짝 비틀어 하와를 유혹한 사단의 계략에 걸려들었기 때문입니다.분명 예수님은 이 성경이 '나에 대하여 증거 한 것'이라 말씀하셨으므로, 모든 교회는 '예수 그리스도를 통한 구원의 축복'에 대해서만 말해야 합니다. 요한복음 5장 39절, 요한복음 20장 31절

따라서 우리는 원색적인 복음에 살짝 물을 탄, 율법주의나 기복주의, 신비주의나 인본주의에 묶인 예배를 경계해야 합니다.

죄를 깨닫게 하는 율법의 기능은 복음의 가치를 알게 하는 데 그 의미를 두어야 하는 데도 불구하고, 오히려 잔인한 정죄의 칼로 변하여 상처를 주기도 하고, 죄의식에 빠져있는 이들에게 보상 심리를 갖게 하여 지나친 헌신을 강요하기도합니다.

이것이 바로 율법주의가 낳은 기복주의입니다. 하나님과 거래하는 것이지요.

실제로 타락한 중세 가톨릭교회는 면죄부를 만들어, '은전이 쨍그랑 연보 궤에 떨어지는 순간 죄 사함이 있다'고 속였습니다.

죄의식으로부터의 해방을 누리고 싶은 인간 본연의 목마름과 지옥불의 고통을 두려워하는 인간 심리를 교묘히 이용한 교권의 불행한 역사입니다.

이렇듯 차가운 머리로 믿어보려고 몸부림치다가, 눈에 보이지 않는 하나님을 만나고 싶고 느껴보고 싶어서 육신적 오감을 동원하는 것이 바로, 불건전한 신비주의입니다.

하나님은 신비 그 자체이지 신비주의자가 아닙니다.

마치 예수를 빙자한 무당처럼 비성경적 예언을 하고, 마가다

락방에 임했던 초대교회 방언의 역사를 오해하여 방언 받으면 성령 충만 받았다고 착각하거나 방언기도 만을 강조한 끝에, 하나님의 뜻과 계획, 말씀에 대한 확신도 없이 이상한 소리로 울부짖거나 온몸을 흔들어대니 안타까운 일이지요.

심지어는 집에 제단을 차려놓고 예언을 해주거나 귀신을 쫓아주는 신비주의자들도 있는데, 무당이나 역술인들을 만나보면 신비주의적 신앙생활을 했던 전직집사들이 대부분입니다.

이런 착각에 빠진 고린도 교회를 향하여 사도 바울은 교훈합니다.

'내가 사람의 방언과 천사의 말을 할지라도 사랑이 없으면 소리 나는 구리와 울리는 꽹과리가 되고……, 내가 만일 방언으로 기도하면 나의 영이 기도하거니와 나의 마음은 열매를 맺지 못하는 도다 그러면 어떻게 할꼬, 내가 영으로 기도하고 또 마음으로 기도하며 내가 영으로 찬미하고 또 마음으로 찬미하리라.'
고린도전서 13장 1절, 고린도전서 14장 14~15절

실제로 성령 충만 받은 초대교회는 예수님이 승천하시기전, 언약으로 주신 성령을 받고 전 세계를 복음화 하는 증인이 되었을 뿐 아니라, 서로의 소유를 아낌없이 나누는 생명적 사랑공동체를 만들었으며, 삼 천 명의 제자가 일시에 일어나는 부인할 수 없는 증거가 일어났습니다. 사도행전 2장 1~47절

한마디로 정리하면, 인본주의란 기도해놓고 안 믿는 것입니다.

머리에 머무른 믿음이 가슴으로 내려오지 않으니 응답도 없이 답답하고 조급해집니다. 그럴 때 이 교회 저 교회 이산 저산 떠돌아 다니면서 삶은 망가지니, 오늘날, 교회도 망하고 개인도 망합니다.

평생 동안 장로나 권사, 중직자로 힘쓰고 애쓰며 헌금 드리고 봉사하고 교회건축 해봤자 인생의 말년이 고통으로 끝나는 이유가 바로 여기에 있습니다.

이것을 보고 자란 자녀들이 교회에 가지 않으려고 하는 것은 당연한 결과지요.

게다가 영적인 눈이 어두운 오늘날의 목회자는 개인의 부흥 동기에 묶여 외형적 성취와 세습, 사유재산의 축적 등으로 사회의 지탄을 받음은 물론, 개인의 삶 또한 숨은 문제로 고통 받습니다.성경 속의 인물, 헤롯도 40년 동안이나 공들여 성전을 지었지만, 온 몸을 황충이 먹어 비참하게 죽어갑니다. 메시아, 그리스도의 언약에는 관심도 없이 인기에 영합하여 정치적 야망과 동기로 가득한 인본주의의 비참한 말로입니다.

이럴 때일수록 사도 바울의 고백에 귀 기울여야 합니다.

'형제들아 내가 너희에게 나아가 하나님의 증거를 전할 때에 말과 지혜의 아름다운 것으로 아니하였나니eloquence and human wisdom NIV 내가 너희 중에서 예수 그리스도와 십자가 외에는 아무 것도 알지 아니하기로 작정하였음이라.' 고린도전서 2장 1~2절

사단, 마귀는 귀신이라 귀신 같이 압니다.

하와의 마음이 이미 흔들렸음을 눈치 챈 사단은 즉각 하나님과의 사이를 이간시킵니다. '너희는 절대로 죽지 않는다. 하나님은, 너희가 선악과를 먹으면 너희의 눈이 밝아지고 하나님처럼 되어서 선과 악을 알게 된다는 것을 알고 그렇게 한 것이다.' 이 속삭임을 듣는 순간, 하와의 눈에 비친 선악과는 먹음직도 하고 보암직도 하고 지혜롭게도 할 만큼 탐스럽게 보입니다.본래 거짓말쟁이에다 거짓의 아비이며 궤계를 써서 멸망시

키는 사단에게 속은 하와는 육신의 정욕과 안목의 욕심으로 인해 하나님께 불순종하여 선악과를 따먹고 남편에게도 줍니다. 요한복음 8장44절, 에베소서6장11절

그러자 그들은 눈이 밝아져 수치심과 부끄러움을 느끼고 무화과나무 잎을 엮어 치마를 만들어 입습니다. 무화과나무로 옷을 지어 입는 것은 단회적 미봉책을 의미합니다. 말하자면 인간에게 찾아오는 문제를 일시적으로 해결해 보고자 종교도 만들고 가면도 써보고 도덕적 완벽을 위해 몸부림도 쳐봅니다.

그러나 무화과나무 잎이 말라 바스라져 수치스러움을 완벽하게 가릴 수 없듯이, 인간의 방법은 영원한 해결책이 될 수 없습니다. 오히려 더 큰 영적 문제를 가져올 뿐입니다.

오직 하나님께서 지어 입혀 주신 가죽옷만이 완전한 해결책이 될 수 있습니다. 창세기 3장 21절

선악과를 따먹으면 '죽는다'는 것이 하나님의 공의의 법입니다. 그 죽음을 면하기 위해서는 누군가 대신 피 흘려 죽어야 합니다. 죄 없고 흠 없는 어린 양의 피, 그 양이 피 흘려 죽어서 우리에게 지어 입히는 가죽옷은 예수그리스도의 십자가 보혈을 의미합니다.

그래서 세례요한은 예수님을 향하여 '보라, 세상 죄를 지고 가는 하나님의 어린 양'이라고 고백하였고 모세와 사도 바울은 '피에는 생명이 있나니 피 흘림이 없이는 죄 사함도 없다'고 단호히 말한 것입니다.

430년 동안 종살이 했던 이스라엘 백성을 해방시킨 비밀도 바로 사망 권세를 뛰어넘는 유월절 어린양의 피였습니다. 요한복음 1장 29절, 레위기 17장 11절, 출애굽기 3장 18절, 출애굽기 12장 13절, 히브리서 9장 22절

십자가의 대속은 바로 하나님의 사랑입니다.

죽어 마땅한 공의의 법을 뛰어넘어 우리를 살리신 하나님의 사랑. 사랑과 공의를 동시에 행하신 하나님은 창세기 3장 15절의 언약으로 구원의 찬란한 소망을 약속하시고, 십자가 보혈을 상징하는 가죽옷을 지어 입히셨습니다.

또한 저주 아래 고통 받으며 질기게 오래오래 살까봐 그룹들을 두어 생명나무를 지키게 하셨습니다. 창세기 3장 22 ~24절

그러나 죄와 악을 이기고 구원 받은 자에게는 생명나무 과실이 주어집니다.

'귀 있는 자는 성령이 교회들에게 하시는 말씀을 들을찌어다 이기는 그에게는 내가 하나님의 낙원에 있는 생명나무의 과실을 주어 먹게 하리라' 요한계시록 2장 7절

아담과 하와는 하나님의 낯을 피하여 수풀 뒤에 숨습니다.이 때, 하나님은 아담이 '어디에 있는지'를 물으십니다. 하나님께서 그들이 숨어있는 장소를 몰라서 물으신 것이 아니라, '함께' 있기를 원하셨던 하나님은 '임마누엘'의 의미를 상기시키고 싶으셨을 것입니다.아담이 대답합니다.'내가 벗었으므로 두려워 숨었나이다.'

인간은 하나님을 떠나면 즉시 두려움이 찾아옵니다. 그래서 무당을 찾아가 액땜 굿을 하고 점쟁이를 찾아가 앞날을 묻습니다. 이사만 갈래도 날짜와 방향을 봐야하고 죽은 사람 묻을 때도 풍수지리설을 따라야 재앙을 막는다고 생각합니다. 결혼을 할 때도 속궁합 겉궁합에 결혼 날짜를 무당에게 물어서 정하고 부적을 몸에 지니고 다녀야 안심합니다. 심지어 삶은 돼지에게 빌고 마른명태를 걸어놓고 복을 빕니다.

그렇다면 150만의 무속인이 급증하고 신문잡지마다 귀신들려 점치는 무당광고가 그득한데, 왜 우리의 삶은 자꾸만 황폐해지는 것일까요…… 왜 운명을 거슬리지 못해 무당이 된 그들이 다른 사람들의 앞일은 점친다고 하면서 자신의 무당 팔자는 막지 못하는 것일까요…… 안타깝지만 바로 이들이 에덴의 축복을 빼앗아간 사단의 심부름꾼이기 때문입니다.

이 모든 문제의 원인제공자, 사단에게 하나님은 말씀하십니다. '여호와 하나님이 뱀에게 이르시되 네가 이렇게 하였으니 because you have done this 네가 모든 육축과 들의 모든 짐승보다 더욱 저주를 받아 배로 다니고 종신토록 흙을 먹을지니라.' 창세기3장 14절

우리의 육신은 흙덩어리입니다. 그 흙덩어리가 바로 사단이 노리는 밥입니다.

그래서 사도 베드로는 이렇게 경고합니다. '근신하라 깨어라 너희 대적 마귀가 우는 사자같이 두루 다니며 삼킬 자를 찾나니 너희는 믿음을 굳게 하여 저를 대적하라 이는 세상에 있는 너희 형제들도 동일한 고난을 당하는 줄을 앎이니라.' 베드로전서 5장 8~9절

이 사실을 볼 수 있을 만큼 영적인 눈이 열릴 때, 우리는 비로소 사단의 머리를 밟아 버린He will crush your head창세기 3장 15절의 가치가 영혼 깊숙이 밀려와, 예수 그리스도를 더욱 사랑하고 영적인 비밀을 깊이 알게 되어, 비로소 우리 앞에 놓인 백만 가지 문제의 해답이 명확하게 보일 것입니다.

고통의 문제,
시작을 알면
끝이 보인다

Gospel from The beginning 두 번째

고통의 문제,
시작을 알면
끝이 보인다
두 번째

바람결에 묶은 이파리들을 가차 없이 버리는 나무들처럼, 성령의 바람을 타고 오시는 예수 그리스도의 권세를 사용하여, 우리 내면과 가정과 가문과 자녀와, 미래를 묶고 있는 모든 사단의 궤계를 깨끗이 날려 보내고 하나님이 주시는 새 힘으로 새로운 시작을 준비하는 새로운 피조물로서, 새로운 꿈을 향해 전진해 나아가야 합니다.

-그 두 번째-

조금은 진부한 표현 같지만, 가을을 사색의 계절이라고 말하는 데는 나름대로 이유가 있습니다.

여름내 무성하게 잎사귀를 드리웠던 나무들이 그 잎을 버리듯이, 우리의 삶 속에 너무 지나치게 복잡했던 것들을, 한 잎 한 잎 낙엽처럼 버리기에 적절한 계절이 가을이기 때문입니다.

우리의 마음과 영혼 속에 드리워진 지난날의 상처, 용서하지 못함, 정죄와 비판으로부터 오는 분쟁과 오만함, 경쟁 심리와 비교 심리로부터 온 염려와 두려움, 미움과 시기 질투…… 열심히 몸부림치다가 온 한계, 그 한계 앞에서 무너지는 자포자기…… 절망 낙심, 삶의 가치를 모르는 무기력…… 죽고 싶은 마음, 그러다가 자기 스스로를 무너뜨리는 자기학대……

이 모든 것들이 빛바랜 잎사귀처럼 매달리어 우리의 삶을 황량하게 할 때, 가을 나무들처럼 바람결에 모조리 날려 보내고, 내일을 위한 생명의 준비, 다가올 봄날에 피워 낼 꽃눈을 준비해야 합니다.

내일을 위한 생명의 준비가 없을 때 그 나무를 우리는 죽은 나무라고 부릅니다.

하나님께서는, 사단의 유혹을 이기지 못하여 이미 죽을 수밖에 없었던 우리 인간들 안에 생명의 씨이며 언약의 씨이신 예수 그리스도를 심으심으로 우리를 죽음에서 생명으로 옮기셨습니다. 요한복음 5장 24절

하나님 앞에 불순종함으로 하나님과의 은혜계약을 파기한 인간에게 다가온 결과는 오직 죽음이었습니다. 창세기 2장 17절

그 죽음은 공의를 행하시는 하나님의 법입니다. 그러나 하나님은 공의의 하나님이신 동시에 사랑의 하나님이십니다. 사랑과 공의를 동시에 행하는 방법, 그것은 하나님 자신이 그 죄의 대가로 사랑하는 인간 -자신의 형상과 모양대로 지은 우리들 -을 위해 스스로 죽으시는 것이었습니다. 요한복음 3장 16절

인간은 공의와 사랑을 동시에 행할 수 없습니다.사랑에 비중을 두면 공의가 흔들리고, 공의를 강조하다보면 때로 너무 냉정하고 차갑고 잔인해집니다. 이것이 바로, 하나님만이 사랑과 공의를 완벽하고 완전하게 행하실 수 있는 까닭입니다.

그렇다면, 생명이 없는 죽은 나무처럼 우리의 삶을 말라비틀어지게 하고, 미래에 꽃피울 소망을 빼앗아 가는 존재가 무엇일까요.

며칠 전 우리나라 최고의 명문이라고 하는 모대학의 법대생이 그의 기숙사에서 목맨 시체로 발견되었습니다. 잘못된 자신의 인생을 돌이킬 수 없다고 탄식하는 유서가 발견되었다고 합니다. 다가올 미래가 창창한 그 젊은이를 자포자기와 자살로 몰아간 존재가 무엇일까요.

성경만이 그 정체를 밝히고 있습니다.하나님의 낯을 피하여 수풀 뒤에 숨은 아담이 말합니다. '내가 벗었으므로 두려워하여 숨었나이다.' 창세기 3장 10절

하나님이 말씀하십니다. '누가 너의 벗었음을 네게 고하였느냐?' 'Who told you that you were naked?'

이 말씀은 아담과 하와로 하여금, 수치심과 부끄러움과 두려움, 그리고 하나님을 거부하고 떠나서 어디론가 사라져 숨어버리고 싶은 마음을 갖도록 유도했던 존재가 그 현장에 있었음을 의미합니다.

사단, 마귀를 칭하는 희랍어, 디아볼로스diabolos는 고소자, 송사자, 고발자, 비방자를 의미한다고 합니다.

이 악랄하게 궤계를 쓰는 사단은, 한 젊은이의 마음과 생각과 영혼 속에 파고 들어가 수치심을 일으켜 하나님과 사람들로부터 도망치라고 가만히 속삭입니다.

'네 인생은 끝났어……, 다시 시작하기엔 늦었잖아 수치스럽지? 죽어버려, 죽으면 모든 게 끝나…… 그러면 편안하지…… 죽어버려 목매달아……'

무당이나 점쟁이만 귀신들려 작두 타는 것이 아니라, 실제로 사람들의 마음을 혼미케 하여 돌아버리게 하고, 가룟 유다의 마음속에 들어가 예수님을 팔려는 마음을 심어서 배신에 대한 죄책감으로 시달리게 하여 끝내는 자살하게 만든 장본인, 정신병이나 불면증, 악몽, 마약, 약물에 빠트려 비참한 최후를 맞이하게 하거나, 성공하게 만들어 놓고 대책 없이 떨어뜨려 버리는, 잔인한 사단 마귀는 지금도 활동하고 있습니다. 요한복음 13장 2절, 고린도후서 4장 4절, 에베소서 2장 2~3절

하나님께 불순종하여 하나님을 떠나, 사단의 유혹에 빠져 죄 가운데 사는 것이 곧 인생의 근본 문제요, 성경이 말하는 원죄이고 불교가 말하는 업보이며, 세상 사람이 말하는 운명 사주팔자입니다.

이 근본문제에 빠지면 자꾸만 두려움이 찾아와서 우상을 섬기거나, 어떤 종교적 교리나 사상, 미신에 의지하려 듭니다.좀 더 합리적이고 이성적인 사람은 철학이나 학문적 이론, 선행, 도덕적 윤리적 기준, 자신의 굽힐 줄 모르는 의지로 자신의 운명을 규명하려 들거나, 개혁해 보려고 몸부림칩니다.

그러다 어느 날, 극심한 압박감으로부터 오는 정신 문제로, 우울증과 스트레스, 불면증에 시달리다가 급기야는 육신적으로 불치병까지 찾아옵니다.

이쯤 되면 이미 개인의 삶은 균형을 잃고 가정은 분열되며, 이를 보고 자라 난 자녀들은 부모의 가중된 영적 문제를 대물림 받아서 통제력을 잃고 방황합니다.

이 문제를 인간 스스로 해결해 보려고 정진하고 수행하며 몸부림치는 것이 종교나 철학입니다.

그러나 복음은 우리의 힘으로 해결이 안 되는 인생의 근본문제를 해결하기 위해, 하나님이시면서 영광 본체를 버리고 이 땅에 원죄의 대속물로 오셔서 십자가에서 죽으시고 부활하심으로 지금 우리와 성령으로 함께 하시는 그리스도, 사단의 머리를 밟아버리신 만왕의 왕으로 오신 예수 그리스도, 창세기 3장 15절의 주인공, 우리의 구원자, 메시아를 영접하여 그 이름의 능력으로 이 문제를 해결하는 구원의 기쁜 소식입니다.

광명한 천사로 위장한 사단이 배후에서 조종하는 종교는 '비우라'고 말해서 빼앗아 가지만 복음은 하나님의 영, 성령으로 가득 '채우라'고 말합니다. 고린도후서 11장 14절, 사도행전 1장 8절

오늘날 가정은 휘청거리고 있습니다.

아담과 하와의 가정을 공격한 사단은, '이는 내 뼈 중의 뼈요, 살 중의 살'이라고 감격하며 서로 사랑했던 아담으로 하여금, '하나님이 주셔서 나와 함께 하신 여자, 그가 그 나무 실과를 내게 주므로 내가 먹었다'고 핑계 대도록 불평을 유도합니다.

사단의 공격을 받은 가정은, 사랑이 식고, 하나님 핑계, 사람 핑계, 책임 전가, 불평과 불만으로 분쟁을 거듭하다가 무너집니다.

남편은 핑계대고 아내는 끊임없이 집착하고 의심하여, 어떤 작가의 말대로 아침에는 심문하고 저녁에는 고문합니다.

하와가 남편을 '사모한다'는 말은 원래 히브리어로 '테슈카'인데 '매달리다. 요구하다'라는 뜻이니 사단에게 속은 아내들의 당연한 속성이지요.

집착과 핑계와 책임전가로 얼룩진 가정에서 행복한 부모의 모델을 보지 못하고 자라난 자녀들은 결국 가인의 후예가 되어 이 땅을 두려움 속에서 유리하고 방황하다가 타락합니다.

그들은 전쟁 무기를 만들고 각종 환락을 위한 악기와 음악을 만들어, 하나님을 대적하는 사단 문화를 이 세상에 뿌림으로써, 후대들의 영혼과 삶을 타락과 음란으로 이끌어갑니다.

부처님도 풀지 못한 생로병사의 비밀, 그것은 아무리 좋은 것을 가려 먹어도, 질병과 죽음을 막을 수는 없습니다.

땅이 저주를 받아 가시와 엉겅퀴를 내기 때문입니다. 창세기3장 17절

그러나 감사한 것은 하나님의 자녀인 우리에겐, 하나님이 주시는 그리스도의 권세로 '무슨 독을 마실지라도 해를 받지 아니하고……, 병든 자에게 손을 얹은 즉 나음이 있다'고 하는 하늘 보좌의 축복이 임한 것입니다. 마가복음 16장 15~20절

한편, 뱀은 종신토록 배로 기어 다니며 흙을 먹어야하는 저주를 받습니다.뱀의 먹이는 원래 인간의 육신적 재료인 흙dust이기 때문에. 오늘도 사단은 우리의 육신적 문제, 썩어 없어질 문제, 무가치한 문제에 지나지 않는, 먹고 보고 듣고 말하고 느끼는 것으로 공격해 옵니다.

그래서 바울은, 육신의 생각은 사망이요 하나님과 원수 되는 것이니 혈과 육의 싸움이 아닌, 하늘의 악한 영들과 영적 전투를 위해 하나님의 말씀으로 전신갑주를 입으라고 강력히 권면합니다. 로마서 8장 6~7절, 에베소서 6장 10~20절

창세기 3장 15절, 여인의 후손으로 오신 예수 그리스도.

부처님도 공자님도 마호메트도, 심지어는 문선명 안산홍, 무당까지 나서서 구원자라고 우길까봐, 창조주 하나님만이 하실 수 있는 창조의 비밀, 그것은 남자의 씨가 아닌 동정녀 마리아에게서 메시아를 탄생시키는 것이었습니다.

하나님은 천하에 구원 얻을 다른 이름을 우리에게 주신 적이 없습니다. 사도행전 4장 12절

우리 안에 깊이 똬리를 틀고 있는 원죄덩어리, 사단으로부터 길들여진 체질과 기질과 나쁜 습관들, 하나님을 대적하여 높아진 각종 이론과 견고한 진들, 공중권세 잡은 사단, 이 세상신이 장악하고 있는 환경을 창세기 3장 15절, 사단과의 영적 전쟁을 선포하고 그 머리를 밟아버린 예수그리스도 이름으로 쓸어버려야 합니다.

우상이 만연하고 제사장이 타락하여 하나님의 말씀이 끊어지고 그 자녀들이 타락함으로 자신에게 찾아온 인생문제의 진짜 이유를 발견한 한나, 한 맺힌 기도 끝에 사무엘을 낳아 종교개혁과 사회개혁 인생개혁을 단행했던 한나의 기도는 당당하고 힘있고 멋있습니다.

'여호와를 대적하는 자는 산산히 깨어질 것이라……' 사무엘상 2장 10절

바람결에 묵은 이파리들을 가차 없이 버리는 나무들처럼, 성령의 바람을 타고 오시는 예수 그리스도의 권세를 사용하여, 우리 내면과 가정과 가문과 자녀와, 미래를 묶고 있는 모든 사단의 궤계를 깨끗이 날려 보내고 하나님이 주시는 새 힘으로 새로운 시작을 준비하는 새로운 피조물로서, 새로운 꿈을 향해 전진해 나아가야 합니다.

새로운 피조물로 거듭난다고 하는 것은, 하나님이 원래 우리에게 주신 하나님의 형상을 회복하여 에덴의 축복을 아름답게 누리는 것입니다.

가인의 후예들이 부르는 칼sword의 노래

Gospel from The beginning

가인의 후예들이
부르는 칼sword의 노래

여인의 후손, 예수 그리스도께서 사단의 머리를 깨뜨리셨으므로 그 권능을 우리의 것으로 사용하는 영적인 기도는 바로, 그리스도 십자가의 능력을 우리의 것으로 사용하는 영적 전투이며, 이로써 우리는 우리 안의 죄의 체질들과 사단적 기질들을 다스리고 제어할 수 있습니다. 히브리서 9장 18, 22절, 로마서 8장 2절, 창세기 3장 15절

가인의 후예들이 부르는 칼sword의 노래

Gospel from The beginning

에덴의 축복을 상실한 가인의 후예들이 그들 자신의 힘으로 애써, 에덴을 회복하려는 노력으로부터, 인류 문명은 시작되었다고 할 수 있습니다.

드높이 성을 쌓아 안위의 번성을 구하고, 수금과 퉁소를 만들어 음악이 주는 화평과 기쁨을 구하려 하며, 육축을 길러 에덴의 풍성함을 대신하려 합니다.

그러나 이기심과 정욕으로 비롯된 인본주의적 문화와 문명은 결국 타락과 퇴폐, 살인과 재앙을 불러 옵니다.

가인의 6대손 라멕이 부르는 칼의 노래는 우리의 마음을 섬뜩하게 하기도 하지만, 그때나 지금이나, 하나님이 원하시는 예배의 축복을 놓치는 자들이 가져오는 것은 결국, 원한과 복수, 살육과 재앙뿐이라는 사실을 극명하게 보여줍니다.

'아다와 씰라여 내 소리를 들어라, 라멕의 아내들이여, 내 말을 들어라 나를 공격하여 나에게 상처 준 젊은 남자를 내가 죽

였도다, 가인을 해친 벌이 일곱 갑절이면 나, 라멕을 해치는 벌은 일흔 일곱 갑절인 것을 알아라'

'Listen to me, my wives, I have killed a youth who attacked and wounded me.If anyone who kills Cain is to be punished seven times, anyone who takes revenge against me will be punished seventy-seven times.' NLT Gen 4:23-24

자비와 용서라고는 찾아 볼 수 없는 이 복수의 노래는, 자신의 아내 아다와 씰라를 향한 경고였습니다.

아다라는 이름이 '장식품'을 뜻하고 씰라가 '그늘' '어두움'이라는 뜻을 가진 것으로 보아 라멕의 두 아내들이 어떻게 타락했었는지 짐작해 볼 만 합니다.

어둡고 음침한 곳을 찾아서, 고결한 아름다움이 아닌 사치와 향락을 꿈꾸며, 젊은 소년들과 함께 육체의 정욕을 제어하지 못했을 그들의 행위는, 이름그대로 '능력 있는 자'라 뽐내던 남편 라멕의 자존심을 심히 상하게 하여 피의 살육을 가져온 것입니다.

상처는 미움을 낳고 미움은 나쁜 생각과 습관을 만들어 냅니다. 개인의 습관이 모여 민족의 문화와 관습을 만들고 민족이 모여 세계문명의 흐름을 좌우합니다.

이와 같이 가인의 후예들이 만들어낸 복수와 칼의 문화는 오늘날 까지도, 민족과 민족이, 나라가 나라를 공격하여 서로에게 상처를 주고 살인을 일으키고 있습니다.

가인은 하나님이 약속으로 주신 피의 예배를 무시하고 자신의 기준에 따라 편리주의로 예배를 드림으로써, 이를 열납하지 않으신 하나님 앞에서 화를 냅니다.

이 때 하나님은 경고하시되 Watch out! 죄가 '너를 공격하여 파괴하려고 기다리고 있으니 그 죄를 네가 정복하라'고 말씀하십니다. 'Sin is waiting to attack and destroy you, and you must subdue it.' NLT Gen 4:7

실패한 예배가 가져온 것은 결국 죄의 공격이었습니다.

문 앞에 엎드려 호시탐탐 노리는 사단의 세력, 사도 베드로가 경고한 대로 '우는 사자와 같이 두루 다니며 삼킬 자를 찾아다니는' 우리의 대적 마귀의 활동에 대한 영적인 민감성을 잃어버리는 순간, 가인에게는 살인의 충동이 일어납니다. 베드로전서 5장 8절

이때, 가인의 삶을 파괴시키려고 노리던 사단은 아벨을 들로 유혹해내도록 속삭입니다.

가인이 제안합니다. '우리, 들로 나가자.' Later Cain suggested to his brother ,Abel, 'Let' s go out into the field.' NLT

들판으로 아벨을 유인한 가인은 돌을 들어 아우를 죽입니다.

미움이 만들어 낸 최초의 살인이라고 말하지만 그 배후엔 이미 가인을 노리던 죄의 실체, 사단, 마귀가 숨어 있었습니다. 요한일서 3장 8절

죄는 하나님을 떠난 것 입니다.

하나님을 떠나도록 유인한 자, 그 존재가 바로 창세기 3장에 출현한 사단입니다.

하나님은 그 죄를 다스리라고 미리 경고하셨습니다.

그렇다면 어떻게 그 죄를 다스리라는 말일까요.

죄를 다스릴 수 있는 권세는 어린 양으로 오신 대속주, 우리 주 예수 그리스도의 피 밖에 없습니다.

사도 바울은 말합니다.

'……, 첫 언약도 피 없이 세운 것이 아니니…… 피흘림이 없은즉 죄 사함이 없느니라……' 그러므로 이제 그리스도 예수 안에 있는 자에게는 결코 정죄함이 없나니 이는 그리스도 예수 안에 있는 생명의 성령의 법이 죄와 사망의 법에서 해방하였음이니라.

여인의 후손, 예수 그리스도께서 사단의 머리를 깨뜨리셨으므로 그 권능을 우리의 것으로 사용하는 영적인 기도는 바로, 그리스도 십자가의 능력을 우리의 것으로 사용하는 영적 전투이며, 이로써 우리는 우리 안의 죄의 체질들과 사단적 기질들을 다스리고 제어할 수 있습니다. 히브리서 9장 18, 22절, 로마서 8장 2절, 창세기 3장 15절

끊임없는 비교의식과 경쟁의식, 보상심리로부터 오는 좌절, 원망, 핑계, 다툼, 미움은 결국 우리의 삶을 완전히 파괴시킵니다.

처음부터 살인하는 자로, 파괴자로, 그리고 거짓말장이로 우리의 삶을 도적질하며, 훔치며, 멸망시키려 하는 그 존재에 대해 무지한 채, 예배당에만 앉아 있으면, 교회 다니고 결국 실패합니다.

그것이 바로 가인의 예배이며, 예배에 실패한 후손들의 본보기가 바로 라멕입니다.

어떤 사람들은 열심히 교회에 다니며, 헌신도하고 구제도 잘하고 봉사활동도 잘 했는데 왜 그렇게도 재앙이 끊어지지 않는지 질문합니다.

당연히 그리스도의 능력을 힘입지 않아서입니다.

그래서 사도 바울은 경건의 모양만 있고 경건의 능력을 부인하는 자에게서 과감히 돌아서되 믿음의 선한 싸움을 싸우라고 말하는 것입니다. 디모데전서 6장 12절

하긴, 이렇게 의미 있는 질문이라도 해서 자신의 신앙생활을 점검이라도 하면 다행인데, 대부분의 신자들, 즉 율법에 매인 종교인들은, 자신의 부족함만을 끝없이 정죄하여 죄의식 속에서 헤매는 가운데, 그 죄 값을 스스로 보상하려고 더 열심히 몸부림치거나, 죄의식에 빠져 신앙생활을 아예 포기하기도 하고, '주님이 주신 십자가'라며 스스로 울며 지고 가려고합니다.

그러나 착각하면 안 됩니다.

십자가의 의미를 시원찮게 알면, 불신자가 팔자 타령하는 수준이 되어버립니다.

그리스도의 십자가는 멸망 받은 자에게는 미련하게 보이나 하나님을 믿는 우리에게는 능력이 됩니다. 예수님은 십자가에서 다 이루었다고 말씀하셨고 , 사도 바울은 그리스도와 십자가 외에는 그 어느 것도 알 가치가 없다고 했습니다. 고린도전서 1장 18절, 요한복음 19장 30절, 고린도전서 2장 2절

예수 그리스도, 그 십자가의 능력과 피의 예배를 잃어버린 가인의 후예들.

그들의 삶은 오늘날 실패한 종교인들에게 실패의 이유와 회복의 방법을 확실하게 보여줍니다.

하나님과 단절된 이 땅의 방랑자, 가인은 누군가 자신을 죽일 것 같은 공포심에 싸여 심히 두려워하는 가운데 '놋' 땅에

정착하여 에녹성을 쌓아 올립니다.

그의 아성에서 그는 하나님의 힘으로가 아닌, 자신의 힘으로 자신의 안위를 지키며, 육신의 쾌락을 위한 문명을 시작하게 된 것입니다.

그의 아들 이름이자, 그가 쌓아올린 성의 이름이 '시작하는 자'라는 의미를 가지고 있음이 흥미롭습니다.

그런데 불행히도 그 시작이 잘못되었습니다.

하나님의 통치가 아닌 자신의 힘으로 세상을 정복하고자, 힘과 타락으로 점철된 그의 문명은, 한 남자에 한 여인을 취하는 하나님의 법을 어기고 일부다처제라는 문화유산을 만들어 냅니다.

각종 이단 사이비 교주들과 종교 지도자들이 많은 여인들을 거느리고, 거대한 성전을 자랑이라도 하듯 건축하는 것을 보면, 역시 복음이 아닌 종교는 가인의 후예들, 즉 하나님을 떠난, 인간 중심적 사고의 산물인 것을 짐작할 수 있습니다.

애굽의 피라미드 이래로, 성과 대를 쌓아 올리는 바벨탑 문화 또한 인간의 자기보호 본능과 두려움 이기심, 자신의 이름을 드러내려는 교만의 발로라고 생각할 때, 하늘을 찌를 듯 올라가는 빌딩숲과 이단 종교들의 건축물들이 마치 마지막의 때를 예고하는 것 같습니다.

그럼에도 불구하고 하나님은 우리에게 소망의 메시지를 다시 보내십니다.

그것은 아담이 세 번째로 낳은 아들 '셋'입니다.

아벨의 죽음을 그저 허무로 끝내지 아니하시고, '저가 죽었으나 그 믿음으로 오히려 말하게 하시는'하나님께서 그에 대한 보상으로 아담의 계보에 '셋'을 주심으로써, 타락한 인류의 구원자로 오실 예수 그리스도에 대한 하나님의 또 다른 계획을 시작하신 것입니다. 히브리서 11장 4절

'셋도 아들을 낳고 그 이름을 에노스라 하였으며 그 때에 비로소 사람들이 여호와의 이름을 불렀더라.' 여호와의 이름을 불렀다함은, 하나님의 이름으로 기도하며 예배드렸다는 뜻입니다.
That's when men and women began praying and worshiping in the name of God Gen 4:26 The Message

이 땅은 마치 가인의 후예들에 의해 정복당하여 타락과 멸망으로 치달아 가는 것처럼 보이지만, 하나님의 언약을 계승해 가는 셋의 후예들이 있기에 소망과 기대로 가득합니다.

허무하게 살다 간 가인의 동생, 아벨 이야기

Gospel from The beginning

허무하게 살다 간 가인의 동생, 아벨 이야기

하나님이 원하시는 예배는 정성의 유무가 아닌 언약의 유무에서 결정됩니다. 우리의 삶을 승리로 이끄는 예배의 비밀은 바로, 하나님이 우리에게 주신 약속인 그리스도의 피에 있습니다.

허무하게 살다 간 가인의 동생, 아벨이야기

Gospel from The beginning

가인을 생각하면 꼭 함께 떠오르는 그 이름, 아벨은 인류 최초로 시작된 살인 사건의 희생양으로서, 너무나 어이없이 허무하게 죽은 허망한 사람으로 기억 됩니다.아벨의 히브리어 이름인 '하벨'이 허무라는 뜻이라고 하니 더욱 그의 삶이 허무하게 느껴집니다.

참 이해하기 어려운 사건을 성경은 기록하고 있습니다.

가인도 예배드리고 아벨도 예배 드렸는데, 가인의 예배는 야속하게도 받지 않으신 하나님, 그 하나님은 예배 잘 드린 아벨이 속절없이 죽어 가는데 어디서 뭘 하고 계셨을까요. 공평하신 하나님이 가인을 차별대우하셨을까요……

그럴 리가 없겠지요. 공평하신 하나님은 실수하지 않으시니까요.

가인의 정성이 부족해서였을까요.

혹자는 가인이 정성이 부족했다고 말하거나 곡식을 드릴 때에 하나님의 것을 조금 훔쳤기 때문이라고 설명하기도 합니다.

정성으로 치면 무당이나 불자를 따라갈 수 없습니다.

동지섣달 엄동설한에도 얼음 깨고 목욕재계한 뒤, 밤새도록 징치고 장구 치며 귀신 불러다가 비는데 그 정성 따라갈 신자가 어디 있을까요.

공들여 천 번 씩 절하는 수고로움, 머리 깎고 속세를 벗어나 일 년에 6개월을 숨구멍 밥 구멍 하나 씩 터놓고, 두문불출 화두 하나 놓고 앉아 수행하는 지극함, 결혼도 즐거움도 포기하는 순전함……,

얼마나 정성스러워야 하는가에 예배의 기준을 둔다면 우리는 늘 우리의 한계와 부족함 속에서 죄의식을 가져야할 뿐 아니라, 하나님이 과연 예배를 받으실 지에 대해서도 확신이 서지 않을 것입니다.

더구나 가인이 농사지어 추수한 곡식을 조금 훔쳤다고 해서 차별대우 하시는 하나님으로 오해하는 수준이라면 자신의 신앙생활을 근본적으로 점검해야 합니다.

'모든 성경은 하나님의 감동으로 된 것으로 교훈과 책망과 바르게 함과 의로 교육하기에 유익하니 이는 하나님의 사람으로 온전케 하여 모든 선한 일을 행하기에 온전케 하기 위함'이라고 바울이 디모데에게 말해 주었듯이, 하나님께서는 성경을 통해서 우리에게 하나님의 아들, 예수 그리스도를 믿게 하여 영생을 주실 뿐 아니라, 이 땅에서 승리하며 살아가는 기준과 방향을 가르쳐 주십니다. 요한복음 20장 31절, 디모데후서 3장 16절

가인은 농부였으므로 곡식으로 하나님께 예배드린 것은 당연합니다.

그러나 하나님은 양을 잡아 피를 흘려 하나님께 드리는 희생

제물을 원하셨습니다. 하나님을 떠나 범죄 함으로, 사단의 유혹에 빠져 찾아온 수치와 부끄러움을 가리기 위해 무화과나무 잎을 엮어 입었던 아담과 하와의 미봉책에 대해서 하나님은 가죽옷을 지어 입히심으로 영원한 해결책을 주셨습니다. 창세기 3장 21절

이 가죽옷의 의미는 누군가의 희생, 즉 이 땅에 우리의 구원자로 오셔서 우리의 죄 대신 십자가의 죽음을 맞이하실 메시아, 그리스도의 언약을 상징하는 것입니다. 그런데 세월이 지나And in process of time it came to pass 언약이 희미해진 가인은 자신의 기준과 편리대로 예배를 드린 것입니다.

430년 동안 애굽에서 노예로 살았던 이스라엘 민족의 해방과 자유는 유월절 어린 양의 피로 가능하였습니다.

40년의 광야생활 속에서 모세는 희생제물을 하나님 앞에 드려야겠다고 결단한 순간, 그의 인생은 살인을 저지른 도망자에서 민족의 지도자로 거듭납니다. 출애굽기 3장 18절

이스라엘 민족의 역사 또한, 희생제물을 드리는 피의 언약을 회복함과 동시에 포로와 노예와 속국상태에서 빠져 나와 평화와 번영을 누립니다.

따라서 하나님이 원하시는 예배는 정성의 유무가 아닌 언약의 유무에서 결정됩니다.

우리의 삶을 승리로 이끄는 예배의 비밀은 바로, 하나님이 우리에게 주신 약속인 그리스도의 피에 있습니다.그래서 바울은 고린도 교회를 향해 이렇게 말합니다.

'형제들아 내가 너희에게 나아가 하나님의 증거를 전할 때에 말과 지혜의 아름다운 것으로 아니하였나니 내가 너희 중에서

예수 그리스도와 그의 십자가에 못 박히신 것 외에는 아무것도 알지 아니하기로 작정하였음이라.' 고린도 전서 2장 1~2절

그리스도의 피, 십자가의 도를 잃어버린 오늘 날의 예배, 사람들의 상식적 기준과 변질된 신학적 해석으로 드려지는 예배들 – 그리스도의 권세를 약화시키는 인본주의적 예배, 각종 화려한 프로그램과 현란한 분위기로 사람들의 여론과 분위기만을 조장하는 예배는 바로 가인의 예배입니다.

감정과 감각으로 하나님의 임재를 느끼게 하려는 신비주의, 하나님의 관심과 소원은 아랑곳하지 않고, 오로지 자신의 유익과 동기에 따라 오직 눈에 보이는 축복만을 간구하는 기복주의, 유대인과 바리새인처럼 전혀 영적인 눈이 열리지 못해 메시아를 알아보기는커녕, 핍박과 정죄로 복음을 공격하는 율법주의적 예배는, 아무리 긴 옷에 비단술을 달고 성경을 줄줄이 외워도 하나님이 결코 받지 않으시는 가인의 예배입니다.

가인의 예배 실패는 하나님께 대한 반항과 더불어, 동생에 대한 미움과 시기를 가져와 결국, 무서운 살인으로 발전하고 나아가서는 가인의 후예 모두가 저주 아래 놓이는 인류의 재앙을 불러옵니다.오늘 날의 끊이지 않는 전쟁과 음모 타락 살인은 하나님이 원하시는 예배를 무시한 종교와 교권, 교만함으로부터 온 결과입니다.

그렇다면 하나님이 원하시는 예배를 드린 아벨은 왜 그 이름 그대로 허무하게 삶을 마감해야 했을까요… 아벨의 삶을 통해 하나님이 우리에게 주시는 교훈과 책망이 무엇일까 곰곰이 생각해 보면 문득 재미있는 일화가 떠오릅니다.

역사상 3명의 악처가 있다고 하는데, 소크라테스의 아내 크산티페, 이름은 밝혀지지 않았으나 성경에 나오는 욥의 아내, 그리

고 요한 웨슬레의 아내 몰리라고 합니다. 너 자신을 알라고 설파했던 소크라테스는 아마도 자기 자신의 가치도 잘 몰랐던 것 같습니다. 악법 앞에 무릎을 꿇었으니까요.

동방의 의인이며 하나님을 잘 섬겨 일곱 아들의 숫자대로 회개하며 예배 드렸던 욥은 영적인 눈이 어두워 사단의 실체를 알지 못하고 구속자로 오실 메시아 언약을 놓친 인생 가운데 엄청난 고난을 당합니다.

온 세계를 자신의 교구삼아 수십만 마일을 전도 여행한 감리교의 창시자, 웨슬레가 성질 사나운 아내에게 머리카락을 잡힌 채 호텔 방바닥에서 끌려 다녔다는 일화는 우리로 하여금 많은 것을 생각하게 합니다.

우리가 하나님을 믿고 구원을 받아 천국에 가는 것은 너무나 당연한 일입니다.그것은 우리의 행위와 상관없이 하나님이 은혜로 주신 믿음으로 가는 것이니까요.

그래서 우리의 행위로는 자랑할 것이 없습니다. 에베소서 2장 8~9절

그런데 문제는 이 땅에서도 과연 우리가 천국을 누릴 수 있느냐 하는 것입니다.예수님은 말씀하십니다.

'하나님의 성령을 힘입어 귀신을 내어 쫓는 것이면 하나님의 나라가 너희 안에 이미 임하였느니라.' 마태복음 12장 28절

그러므로 강한 자를 그리스도의 권세로 결박하고 내어 쫓아야 합니다.

이 땅에서 허무하게 무너지지 않는 길은, 성령의 충만한 힘을 입고 하나님의 자녀 된 신분과 권세를 사용하여, 가인으로 하여금 미움과 시기와 불평을 갖게 했던 그 어둠의 영, 창세기 3장에 출현하여 하나님과 우리 사이를 이간함으로 에덴의 축복을 빼앗

아간 바로, 그 사단과 싸우는 영적 전투에서 승리하는 것입니다.

영적싸움의 비밀을 놓치면 구원 받아 놓고 육신은 사단에게 내어 준 바 되어 처절하게 실패한다고 사도 바울은 밝히 말하고 있습니다. 끊임없이 우리의 삶에 불붙은 화살을 쏘아대는 사단의 궤계를 무너뜨리지 못하면 정사와 권세와 이 어두움의 세상 주관자들과 하늘에 있는 악의 영들에게 당하고 맙니다. 고린도전서 5장 5절, 에베소서 6장 10~19절

그리스도의 군사로 부름을 받고, 예수 그리스도의 피로 구원을 얻어, 그 언약 안에서 예배드리는 성도의 삶은 아벨의 삶처럼 무기력과 허무함으로 끝나지 않습니다.

하나님은 오늘도 자녀에게 이미 주신 그리스도, 그 이름의 권세를 마음껏 사용하라고 촉구하십니다.

Genesis

이 시대의 외로운 싸움 – 노아의 방주 짓기

Gospel from The beginning

이 시대의 외로운 싸움 - 노아의 방주 짓기

하나님께서 문 여시면 닫을 자 없고, 닫으시면 열 자가 없습니다. 우리의 외로운 싸움에 창조주, 하나님이 동행하신다는 사실이 우리를 참으로 평안하게 합니다.

이 시대의 외로운 싸움 - 노아의 방주 짓기

Gospel from The beginning

흔히들 이 시대를 일컬어 말세라고 합니다.

멸망의 날이 가까웠다는 말이기도 하지만, 일어나는 모든 일들이 참으로 대책 없이 한심하다는 표현이기도 합니다. 그런데 노아시대가 꼭 이랬나봅니다.

사람들은 밤이나 낮이나 온통 나쁜 일을 도모하고 생각하고 상상했습니다. People thought evil, imagined evil–evil, evil, evil from morning to night. Gen 6:5 The Message 하나님의 아들들과 사람의 딸들이 혼합되어 먹고 마시고 시집가고 장가가기에 바빴다고 성경은 말합니다.

다시 말해, 하나님께로부터 난 경건한 자들이, 하나님을 대적하여 떠난 가인의 후예들에게 미혹되어 깊은 타락의 늪으로 빠졌음을 의미합니다.

자신의 삶을 창조주 하나님께 전적으로 드리는 경건의 삶이란, 언약의 보혈인, 그리스도의 피의 제사로 이어지는 예배의축복과 하나님과 함께 하는 비밀인 임마누엘의 삶을 그 내용으로 한다고 볼 때, 하나님을 떠나 죄악에 빠져 악한 영의 지배를 받았던 노아 시대의 타락이야말로 바로, 창세기 3장에 나타난 인류의 전적 타락과 매우 흡사했습니다.

창조의 기쁨 대신에 깊은 후회로 마음이 아프셨던 하나님은 죄악의 관영함 앞에서 공의의 심판을 내려야 하는 깊은 고뇌에 빠지셨습니다.

하지만, 죄를 미워하시되 인류를 끝까지 사랑하시는 하나님의 속성에 따라, 하나님은 결국 구원의 창구를 열어 놓으시고 그 시대에 의로운 자, 노아를 불러 방주를 짓도록 명하셨습니다.

노아라는 이름은 히브리어 '에나하메누'에서 비롯된 '안위하리라,' 또는 '편안하리라'는 뜻을 가지고 있다고 합니다. 패역한 시대에 마땅히 임할 재앙을 앞두고 하나님은 120년이라는 유예기간을 두심으로써 인류로 하여금 하나님께로 돌아올 시간을 주시고 노아로 하여금 방주를 짓게 함으로써 다가올 홍수 심판에 대비하도록 피할 길을 내신 것입니다. 창세기 6장 3절

하나님은 말씀하십니다.

'하나님이 노아에게 이르시되……, 너는 잣나무로 너를 위하여 방주를 짓되 그 안에 간들을 막고 역청으로 그 안팎에 칠하라……, 내가 홍수를 땅에 일으켜 하늘 아래서 살아 숨 쉬는 살과 피를 지닌 모든 것을 쓸어 없앨 터이니, 땅에 있는 모든 것은 죽을 것이다.

그러나 너와 네 온 집은 방주로 들어가라, 네가 이 시대에 내 앞에서 의로움을 내가 보았음이니라.' 창세기 6장 13절~창세기 7장1절

재앙을 이기는 방법은 오직 하나, 하나님의 계획과 그 '안위

하심' 안에 거하는 것입니다. 그러나 그 누구도 노아가 짓는 방주에 관심을 두는 이는 없었습니다.

하늘이 청청한데, 큰 비가 올 거라며 배를 짓는 사람이 있다면 웃음거리가 되는 것은 당연한 데다, 그것도 이 만 톤 급이나 되는 큰 배를 백 년 넘게 산위에서 짓고 있으니 당연히 제 정신이 아닌 사람으로 취급당할 것입니다.

이 시대 또한 마찬가지입니다.

노아의 외로운 싸움, 그 싸움은 오늘 날도 지속되고 있습니다. 세상의 철학과 이론과 초등학문은 백주 대낮에 웬 사단이고 악령이냐고 말합니다.

최첨단 과학기술로 화성도 가는데 인간이 스스로 살 길을 마련해야지, 예수 그리스도를 믿고 영접하는 것만이 유일무이한 구원의 길이라고 말하는 그 자체가 종교적 편피주의라고 무시하거나 비아냥거립니다.

그러나 성경은 분명히 말합니다.

'그 중에 이 세상 신이 믿지 아니하는 자들의 마음을 혼미케 하여 그리스도의 영광의 광채가 비치지 못하게 함이니 그리스도는 하나님의 형상이니라……, 이것이 이상한 일이 아니라 사단도 자기를 광명의 천사로 가장하나니…… 누가 철학과 헛된 속임수로 너희를 노략할까 주의하라, 이것이 사람의 유전과 세상의 초등학문을 좇음이요 그리스도를 좇음이 아니니라.' 고린도후서 4장 4절, 고린도후서 11장 14절, 골로새서 2장 8절

노아의 시대나 이 시대나 마찬가지로 '네피림'의 시대입니다. 네피림이라 함은, 그 어원이 '떨어진다'란 뜻의 히브리어, '나팔'

에서 유래된 것으로 보아, 하늘에서 쫓겨난 타락한 자, 또는 습격하는 자라는 의미로 해석되기도 하고, 거인, 장부giants 라는 말로 쓰여 지기도 합니다.

어떤 의미로 쓰여 졌던, 힘의 논리가 세상을 지배하는 이 시대, 거대 권력과 거대 재력을 가지고 힘 있는 자들이 힘없는 자를 무시하고 괴롭히는 이 시대의 배경에는 분명, 눈에 보이지 않으나 인류의 삶을 도적질하고 훔침으로써 재앙과 저주와 죽음으로 몰고 가는 사단이 존재하고 있음을 확신 할 때, 이 시대 또한 노아의 시대요, 네피림의 시대임이 확실합니다.

그 노아의 시대에 하나님께서는 거룩한 침묵을 깨고 대홍수 심판의 준엄한 결단을 내리셨습니다.

사십 일 밤과 낮 동안에 하늘의 모든 창들이 열리고 이 땅의 모든 깊은 샘물이 터져, 온 지면에 흘러 넘쳤습니다.

방주 안으로 들어간 노아의 여덟식구와 하나님이 지정하신 육축 이외의 모든 생명 있는 것들 모두, 그 어느 것 하나도 죽음을 면치 못했습니다.

하나님께서 인류구원의 언약으로 주신 창세기 3장 15절, 여인의 후손 예수그리스도, 하나님 만나는 유일한 길이시며, 사단의 올무로부터 자유케 하는 진리이시고, 죽음에서 우리를 건지신 생명이신 그리스도 외에는 다른 구원자가 없음을 밝히 말하는 - 그리스도의 유일성에 정면 도전하는 혼합주의syncretism를 하나님은 가장 싫어하십니다.

이때 하나님은 공의의 심판을 내리시는 것입니다. 그것은 인류에 대한 심판이 아니라 네피림의 주역인 사단과 죄에 대한 심판입니다.

그렇다면 말세에 있을 심판에 대비하여 우리는 무엇을 준비해야 할까요.

방주를 지었던 노아의 사명은 곧 오늘날 성도의 사명이며 교회의 사명이기도 합니다.

이 사명을 다하기 위해 우리는, 노아와 같이 먼저 하나님의 음성을 들을 수 있어야 합니다.

영적인 불감증이 만연하여, 우리를 부르시는 하나님의 음성에 귀가 어두워져 듣지 못하고, 눈이 있어도 보지 못하는 이 시대에, 하나님의 자녀로서 갖는 신분과 권세를 회복하여 삶의 현장 속에서 흑암 세력과 싸움으로써, 하나님의 말씀을 변질시키고 그리스도의 권세를 약화시키는 비 진리와, 이단 사이비 종교집단을 분별할 수 있는 통찰력과 분별력을 구해야합니다.

더불어, 하나님을 떠나 두려움에 눌려, 우상을 섬기고 미신에 빠져서, 자꾸만 가중 되는 문제 속에서 현실을 이기지 못하여 정신적 고통과 삶의 무게에 짓눌려 허우적대는, 이 시대를 긍휼한 마음으로 볼 수 있는 눈이 열려야 합니다.

그래서 개인의 종말과 시대의 종말은 물론, 지구의 종말에 대비할 자세를 갖출 때, 우리는 비로소 이 시대, 노아가 감당했던 그 사명을 감수할 주역으로 부름 받을 수 있습니다.

그 부르심에 응한다고 하는 것이 그리 쉽지만은 않을 것입니다. 그러나 구원의 방주를 짓는 과정 속에서 세밀하게 가르치시고 인도하셨던 하나님, 튼실한 잣나무와 역청으로 넘치는 홍수의 재앙을 막으셨던 하나님은 지금도 살아계셔서 우리와 함께 하십니다. 더구나 하나님의 때는 하나님이 정하십니다.

노아와 그 가족과 육축의 떼를 방주 안에 넣으시고 문을 닫으신 분은 하나님이셨습니다.

'하나님이 명하신 대로 들어가매 여호와께서 그를 닫아 넣으시니라.' 창세기 7장 16절

모든 주권은 하나님께 있습니다. 우리는 하나님의 절대주권을 믿는 믿음 가운데 있기만 하면 의롭다하심을 얻습니다. 우리에게 은혜로 믿음을 주시고 그 기쁘신 뜻을 따라 우리의 믿음대로 행하게 하시는 분도 하나님이십니다. 빌립보서 2장 13절

하나님께서 문 여시면 닫을 자 없고, 닫으시면 열 자가 없습니다. 우리의 외로운 싸움에 창조주, 하나님이 동행하신다는 사실이 우리를 참으로 평안하게 합니다.

하나님이 보내신 약속의 편지, 무지개

Gospel from The beginning

하나님이 보내신 약속의 편지, 무지개

하늘 위에 아름다운 무지개를 그려 놓으시고 전 인류를 향해 보전의 계약을 맺으신 하나님의 사랑은, 노아로부터 아브라함에게 계승 됩니다.

어두운 밤하늘이라도 우리의 마음을 환하게 하는 것은 총총히 빛나는 별들 때문이고, 비 오는 날 구름이 아름다운 것은 햇살 따라 그려진 무지개 때문입니다.

하늘 위에 그려진 무지개는 진 인류를 향해 하나님이 보내시는 소망의 편지입니다.

노아의 나이 육백세 되던 해, 이 월 십 칠 일에 큰 깊음의 샘들이 터지고 하늘의 창들이 열렸다고 성경은 기록하고 있습니다.정확한 날짜를 굳이 기록한 것은 이 홍수 사건이 그 어느 누구도 부인할 수 없는 명백한 역사적 사실임을 증거 하려는 하나님의 중대한 의도였습니다.

히브리어로 '테홈'인 '깊음'의 의미는 원래, 큰 바다 아래 원천, 또는 지하수의 근원을 뜻하는 말이라고 합니다.

다시 말해, 홍수가 시작 되던 그 날, 하늘의 창들이 열리므로 굵은 비가 억수같이 쏟아지고 땅의 모든 물줄기가 터진 가운데 바다의 원천이 뚫려 해일이 일었습니다.

그런 비가 온 세상을 덮어 공포와 죽음으로 몰아갈 때, 노아의 여덟 식구와 짝을 지어 들어 간 짐승들은 방 주 안에서 안전하게 보호 받았습니다.

방주 안에 들어가면 삽니다.

아무리 폭풍과 해일이 일고 창수가 나더라도 노아의 방주 안에 있으면 안전하듯이, 우리의 삶에 그 어떠한 환난이나 곤고함이 찾아오더라도, 그 방주의 예표로 - 아니, 그 훨씬 이전인 창세에 이미 여인의 후손으로 이 땅에 오셔서 인류에게 재앙을 안겨준 사단의 머리를 깨뜨리시겠다고 약속하신 메시아 - 원시 복음으로, 이 땅에 오신 예수 그리스도의 품 안에 거하면 우리는 안전함을 누릴 수 있습니다.

과학은 날로 발전하지만 자연재해와 정신병은 급증하고, 사람들의 학별은 높아지지만 정신적 수준은 한 없이 낮아지며, 온갖 소리들로 이 세상은 분주하고 떠들썩하지만 정작 진지한 대화는 끊어진 이 시대, 그로부터 찾아오는 공허와 혼돈과 어둠을 만회해 보려고 인류는 몸부림칩니다.

하지만 결국 그들이 만들어낸 지고지순한 철학은 어느 날 종교로 전락하고, 종교는 세속주의와 결탁하여 우상숭배를 강요합니다.

그 결과 사람들은 하나님을 거부하고 복음을 비아냥거리며 교회를 대적합니다.

이렇듯 소망 없어 보이는 이 시대에 하나님의 눈길은 '노아'에게 머무릅니다.

하나님의 심판을 이기는 길은 오직 이 시대의 전도자, 노아에게 있기 때문입니다.

하나님의 약속을 믿되 흔들림이 없는 믿음의 소유자인 노아는, 하나님 앞에서 '왜?'라고 질문하지 않고 사람들의 시비나 따돌림 앞에서도 묵묵히 하나님의 명령을 준행하였습니다.

더욱이 그는 하나님이 기뻐하시는 예배의 비밀을 알고 지켰습니다.

노아의 방주가 아라랏 산에 걸리고 지면의 물이 말라 산봉우리들이 보일 때, 그는 방주의 창문을 열고 칠 일 단위로 까마귀와 비둘기를 내어 보냅니다. 창세기 6장 10~12절

이는 노아가 방주 안에서도 하나님께서 정하신 안식일의 규례를 준행하여 여호와 하나님을 변함없이 섬기고 경외하였음을 의미합니다.

하나님은 일 곱 째 날 안식하시고 복 주사 거룩히게 하셨다고 성경은 말합니다. 창세기 2장 2~3절

히브리어로 '거룩'이란 구별됨을 의미합니다.

정사와 권세와 이 세상 어둠의 주관자들을 따라 세상 풍습에 빠져 살아가는 진노의 자녀들과는 구별 되어 하나님의 자녀로 살아가는 것이 곧 거룩한 삶입니다. 에베소서 2장 2~3절

거룩하다고 하는 것은 고상한 인격이나 그럴 듯한 행위와는 전혀 상관이 없습니다.

하나님의 자녀로서 누리는 구원의 축복은 전적으로 하나님의 은혜로부터 온 것이기 때문입니다.

인류의 구원자로, 모든 재앙과 사망을 이긴 부활의 주인공으로, 이 땅에 오신 예수 그리스도를 입으로 시인하고 마음으로 영

접한 우리 모두는 하나님의 의롭다하심을 입은 하나님의 거룩한 자녀입니다.

이 은혜를 알고, 그 구원의 축복에 감격하여 하나님께만 예배 드리는 자, 예수 그리스도의 유일성 속으로 들어가 인생의 결론을 내린 자, 그가 바로 이 시대의 노아이며, 이 시대의 위기로부터 인류를 구하고 개혁 시킬 전도자입니다.

하늘 위에 아름다운 무지개를 그려 놓으시고 전 인류를 향해 보전의 계약을 맺으신 하나님의 사랑은, 노아로부터 아브라함에게 계승 됩니다.

그러나 이 언약을 잃어버리고 430년 동안 애굽의 노예로 살던 이스라엘 민족에게 하나님은 다시 모세를 보내어 피의 언약을 회복시킴으로써 해방과 자유를 주십니다.

이후, 구속사의 완성자로 오신 예수 그리스도는 십자가의 보혈과 부활로 이 언약을 완벽하게 이루셨습니다.

따라서 이 언약의 준수는 축복에 직결 된 반면, 우상숭배는 언약의 불이행으로써 간음죄로 규정되어 심판에 이르게 됩니다. 신명기 7장 9절, 호세아 2장

홍수 심판 이후에 하나님이 노아와 맺으신 언약은 영원한 언약입니다. 창세기 6장 16절 이 언약을 확신했던 노아는 방주에서 나온 후 제일 먼저 하나님 앞에 번제를 드렸습니다. 창세기 6장 20절

히브리어로 '칼릴'이라 불리는 번제는 원래 '전부'라는 의미로서 완전한 번제whole burnt offering를 뜻하는 반면에 히브리어로 '올라간다'라는 뜻을 가진 '올라'라는 말로 쓰여 지기도 합니다.

이는 하나님께 드려지는 희생제물이 완전하게 불살라져서 그

연기와 향기가 하나님께로 올라가는 것을 의미합니다.

이와 같이 하나님의 어린 양으로 오신 예수께서 온 인류를 위해 완전하게 자신의 몸을 드림으로써 우리는 재앙과 위기로부터 보호 받을 수 있었던 것입니다.

비 온 끝 청명한 하늘 위에 하나님이 손으로 그리신 아름다운 무지개…… 그 무지개를 바라보던 노아의 감격은, 곧 오늘 우리가 바라보는 십자가의 감격으로 이어집니다.

그 감격으로 마음과 생각과 영혼이 충만한 우리가 바로, 이 시대의 노아이며 언약의 계승자입니다.

실수한 노아를
오히려
사랑하신 하나님

Gospel from The beginning

실수한 노아를
오히려
사랑하신 하나님

틀린 것을 틀렸다고 말하고, 옳은 것을 옳다고 말하는 것은 중요한 일입니다. 그러나 하나님의 법칙은 약간 다릅니다. 사람들의 법은 눈에 보이는 현상에 따르는 것이지만, 하나님의 법은 그 영혼 깊숙이 숨겨진 또 하나의 현상에 기초합니다. 그 또 하나의 현상, 그것은 지혜로운 재판장이신 하나님께서 우리를 보시며 판단하시는 하나님의 기준입니다.

실수한 노아를 오히려 사랑하신 하나님

Gospel from The beginning

사월에 불어오는 찬바람이 잔인하게 연한 꽃잎들을 흔들어 대는데도 하루가 다르게 봄꽃들은 와르르 피어납니다.

품위 있게 고개를 들고 서 있던 자목련은 자줏빛 빌로드 같은 꽃잎들을 미련 없이 떨구어 내고, 척박한 콘크리트 갈라진 틈새로는 노란 민들레가 납작 엎드려 봄 햇살에 작은 몸을 뎁히고 있습니다.

이런 봄날에는 총총히 가던 걸음 잠시 멈추어 미처 눈여겨보지 못했던, 큰 세상 속의 작은 세상을 들여다 볼 만합니다.

만일 죽어가는 사람에게 마지막 하고 싶은 일이 무어냐고 묻는다면, 드넓은 바다를 바라보고 싶다거나, 들꽃이 핀 숲 속 길을 산책하고 싶다고 말하거나, 시간이 없다는 핑계로 만나는 것을 미뤄 두었던 친구나 가족이 그립다고 말하지, 아홉 시간 일했어야 하는데 여덟 시간 일 한 것이 후회된다고 말하는 바보는 없다고 합니다.

하지만 이 세상은 만만치 않아서 사는 동안이 곧 전투입니다.

늘 지뢰밭 같은 인생길을 걸으며 사랑하기 보다는 정죄하고 ,감싸 안기보다는 참소 합니다.

푸른 바다와 같이 무한으로 펼쳐진 기회의 세상에서, 무한 경쟁만이 살 길이라고 부추기며 끊임없이 경쟁 심리와 비교심리로 사람들의 마음을 메마르게 합니다.

눈에 보이는 현상으로 재빨리 판단하고 포기할 뿐, 서로를 바라보는 여유로움이나, 기다려주는 사랑과 배려가 고갈 된 이 땅에서 사람들은 서로 부대끼며 살아갑니다.

성경에 등장한 노아의 아들 함은 포도주에 취하여 벗은 몸을 드러낸 아버지의 추한 행동을 즉각적으로 비판하고 정죄하여 형제들에게 고합니다.

그러나 남은 두 아들 셈과 야벳은 조심스레 뒷걸음질로 아버지께 다가가 자신들의 옷을 벗어 아버지의 망가진 모습을 덮어 감싸 줍니다.

틀린 것을 틀렸다고 말하고, 옳은 것을 옳다고 말하는 것은 중요한 일입니다.

그러나 하나님의 법칙은 다릅니다.

사람들의 법은 눈에 보이는 현상에 따르는 것이지만, 하나님의 법은 그 영혼 깊숙이 숨겨진 또 하나의 현상에 기초합니다.

그 또 하나의 현상, 그것은 지혜로운 재판장이신 하나님께서 우리를 보시며 판단하시는 하나님의 기준입니다.

홍수 재앙이 지나가고 평온과 부요를 회복한 노아는 다소 영적인 민감성을 잃어버렸습니다.

그래서 그는 백주 대낮에 술에 취하여 자신의 부끄러움을 드러냅니다.

그러나 중요한 것은 하나님의 언약, 다시 말해서 하나님께 희생 제물을 드리는 피의 예배 - 인류의 구원자로 오실 메시아, 예수 그리스도의 십자가의 비밀을 알고 , 하나님이 원하시는 예배의 비밀을 누렸던 노아의 실수는 적어도 하나님 앞에서는 아무 것도 아니라는 것입니다.

창세기 3장에 등장한 사단, 하나님과 우리 사이를 이간하고, 아담과 하와, 가인과 아벨을 분리시켜 가문의 재앙을 가져 왔던 그 어둠의 존재는, 참소하고 정죄하는 함, 아버지의 허물을 재빠르고 냉철하게 정죄한 그를 통해서 율법의 정당성을 외칩니다.

하지만 율법은 몽학선생과 같아서 우리의 연약함과 내면에 감추어진 죄의 기질을 깨닫게 할 뿐, 은혜나 긍휼, 감사와는 거리가 멉니다.

율법의 행위로는 하나님 앞에서 의롭다하심을 얻을 육체가 없으니 행위가 아닌 하나님의 의, 예수 그리스도, 그를 믿음으로 말미암아 값없이 의롭다하심을 입고 하나님의 영광에 이를 수 있다고 성경은 말합니다. 로마서 3장 20~24절

따라서 우리는 율법의 거울로 자신은 물론, 이 세상을 비추어 보고, 예수 그리스도, 그 이름의 권세와 사랑을 힘입지 않고는, 이 땅에 존재하는 그 어느 누구도 의로울 수 없다는 결론에 도달해야 합니다.

이 결론을 얻을 때 우리는 여유로움과 오래 참음, 그리고 하나님의 가슴을 닮은 마음으로 이웃을 바라보고 수용하며 용서할 수 있습니다.

하나님은 용서하고 사랑할 자를 찾으시기보다는 사랑할 자를 이미 창조하시는 분이십니다.

하나님의 사랑을 이미 받은 자로서, 당대의 의인이었던 노아도 실수 합니다.

그러나 하나님은 그 실수를 오히려 사랑으로 덮으십니다.

하나님께서 그를 영원히 보전하시겠다고 이미 약속하셨기 때문입니다.

그 약속은 홍수 이후 방주에서 나오자마자, 하나님께 드려진 번제, 그 예배를 통해 얻어진 축복이었습니다.

의외로 성경은 실수한 인물들의 이야기를 여과 없이 들려줍니다.

자기 자신 한 몸 살아보겠다고, 아내를 두 번이나 팔아버린 아브라함, 그 가문의 피를 이어받은 이삭 또한 같은 장소에서 같은 이유로 아내를 팔았습니다.

이스라엘의 왕이 된 이후 영적으로 나태해진 다윗 왕은 대낮까지 오수를 즐기다가 아리따운 여인 밧세바의 목욕하는 모습에 그만 정신을 잃고 동침하는 실수를 범하는가 했더니, 충직한 군인 우리아를 최전선에서 고립시키도록 음모를 꾸며 간접 살인함으로써 자신의 허물을 덮기에 급급합니다.

구원자로 오신 예수 그리스도를 만나기 전, 우물가의 사마리아 여인은 인생 자체가 실수이며 실패의 연속이었습니다.

그러나 그녀의 깊은 영혼 속에는 올바른 예배에 대한 질문과 갈급함이 있었습니다.

그녀의 목마름은 단순히 물 한 그릇으로 해결 되는 문제가 아니었습니다.

자신 안에 뿌리박힌 죄의 기질과 체질을 고민하며 그 죄를 해결할 유일한 길이 예배 인 것은 알았으나 율법의 잣대로는 근접할 수도 없었던 예루살렘 성전에서의 예배, 죄질이 악한 우상의 땅에 살고 있는 이방 여인을 개 취급하는 율법의 땅에는 단 한 발도 들여 놓을 수 없었던 그녀의 삶……, 그 여인을 예수님은 찾아가셨습니다.

하나님은 우리가 실수한 현상에 매이지 않는 분이십니다.

실수하기까지 얼마나 많이 하나님의 사랑과 긍휼을 구하였으며, 실수 할 수밖에 없었던 자신의 체질과 죄의 기질을 사실적으로 발견하여 죄의 법과 사망의 법으로 우리를 옭아매려드는 사단과 얼마나 싸웠는지……, 그리고 예수 그리스도 그 이름의 권세가 아니고는 도지히 의로울 수 없다는 결론에 이르렀는지를 살피시는 분이십니다.

그래서 사도 바울의 고백은 우리에게 늘 소망을 주고 새로 일어날 힘을 줍니다.

하나님이 사랑하는 스데반이 돌에 맞아 죽임을 당하는 현장에서 그의 죽음을 마땅히 여겼던 그의 잔혹한 실수……, 그 실수 앞에서 그는 이렇게 고백합니다.

'나는 내가 하는 일을 도무지 알 수가 없습니다. 내가 해야겠다고 생각하는 일은 하지 않고 도리어 해서는 안 되겠다고 생각하는 일을 하고 있으니 말입니다……, 그렇다면 그와 같이 하는 것은 내가 아니라, 내 속에 자리를 잡고 있는 죄입니다……, 나는 속사람으로는 하나님의 법을 즐거워하나 내 지체 속에는 다른 법이 있어서 내 마음의 법과 맞서서 싸우고, 내 지체 속에 있는 죄의 법 아래로 나를 사로잡아 오는 것을 봅니다. 아, 나는 곤고한 사람입니다.

누가 이 죽음의 몸에서 나를 건져 주겠습니까, 우리 주 예수 그리스도를 통해서 나를 건져주신 하나님께 감사드립니다. 그러므로 그리스도 예수 안에 있는 사람들은 정죄를 받지 않습니다. 그것은, 그리스도 예수 안에서 생명을 누리게 하는 성령의 법이 여러분 각자를 죄와 죽음의 법에서 해방하여 주었기 때문입니다.' 로마서 7장 15절 ~ 로마서 8장 2절

패디 베이커의 말대로 우리는, 우리 영혼 안에 숨겨진 은밀한 처소의 열쇠를 예수 그리스도께 넘겨드려야 합니다.

실수했던 노아가, 다윗 왕이, 그리고 사도 바울이 그랬던 것처럼……

Genesis

바벨탑의 저주-온 나라의 영어 스트레스

Gospel from The beginning

바벨탑의 저주-
온 나라의
영어 스트레스

하나의 언어가 흩어져 바벨탑의 저주가 시작 되었다면, 흩어진 언어가 하나로 통하여 마가 다락방의 축복은 시작 된 것입니다.

바벨탑의 저주-
온 나라의
영어 스트레스

Gospel from The beginning

하나님이 하시는 일은 때로 기지가 넘치고 익살스럽기 까지 합니다.

세속적 야심과 쾌락, 하나님을 거부하는 인본주의의 대명사라 할 수 있는 가인의 후예들은, 이 땅에서 유리하게 되리라는 창세기 4장 12절 하나님의 말씀을 무시하여 바벨탑을 건설함으로써 흩어짐을 면해보려고 안간힘을 씁니다.

그래서 그들은 벽돌을 굽고 회반죽을 철저히 발라서brick & mortar성과 대를 높이높이 쌓아 하늘까지 닿아 보려는 야심찬 계획을 세웁니다.

하나님 없이도 인간이 얼마나 위대한 존재가 될 수 있는지를 보여 주려는 나쁜 심보에서 시작된 것입니다.

이를 지켜보시던 하나님께서는 하늘에서 강림하시어 그들이 쓰고 있던 말, 즉 언어를 혼란하게 하셨습니다.

지진을 일으켜 성과 대를 단 번에 무너뜨리신 것이 아니라 , 서로 서로 말을 알아듣지 못하게 함으로써 도무지 의사소통이 안 되게 했다는 것입니다.

옆에 있는 친구에게 벽돌을 어서 구어 오라고 말하는데 그 말이 자신도 모르는 희한한 발음으로 갑자기 쏼라쏼라 하고 있으니, 얼마나 서로가 어리둥절했겠는지……, 상상해 보면 재미있습니다.

성경은 원래 온 땅에 구음이 하나였다고 말합니다.

'구음이 하나'라는 말은 히브리어로 '사파 예하트'인데 '한 입술 '이라는 뜻이라고 합니다. 도서 출판 바울, 바울 성경 시리즈 중에서

이는, 한 언어와 같은 단어one language & same wards를 썼다는 것을 의미할 뿐 아니라, 전 인류가 한 조상에서 유래 되었음을 반증하는 것입니다.

언어는 얼, 즉 정신을 의미하기 때문에 언어가 같다는 말은 생각과 뜻이 같고 습관이 같아서 같은 문화를 창출해 낸다고 할 수 있습니다.

그래서 같은 언어를 쓰는 사람들이 모여서 같은 민족과 국가를 형성해 온 것입니다.

어쨌든, 하나님의 재치 있는(?) 역사로 말미암아, 생각과 마음이 맞아서 부지런히 탑을 쌓아 올리던 그들은 서로를 이해하지 못해so they won't understand each other성 쌓기를 그만 두고 말았습니다.

지금도 미완성의 이 거대한 유적은 고대 역사의 불가사의로 바벨론 지역에 남아 있다고 하는데 7층 높이의 지구라트ziggurat 맨 위층에는 신전이 있다고 합니다.

하나님을 떠난 인간의 교만함에서 비롯된 언어의 혼잡은, 다

양한 언어 형태를 가진 방언을 만들어 냄으로써, 말이 다른 사람들끼리는 의사 전달이 안 되어 답답하게 되었습니다.

이 언어의 장벽을 넘어 보려는 우리들의 몸부림, 그것이 오늘날 우리 민족을 괴롭히는 영어스트레스까지 초래하고 만 것입니다.

모 일간지에서 우리나라를 일컬어 '영어 못하는 영어 공화국'이라고 했는데, 그도 그럴 것이, 조기유학과 언어 연수에 들어가는 어마어마한 비용을 빼고도, 일 년에 15조원을 탕진(?)하지만, 토플 성적은 전 세계 147 개국 중 134위로 거의 꼴찌 수준이고, 뱃속에서부터 영어를 가르치는 영어 태교에 ,영어 유치원, 영어 학원, 조기유학, 거기에다 이제는 기러기 아빠 기러기 엄마를 만들어 가정까지 희생되고 있으니 바벨탑의 저주를 가히 실감할 수 있다 할 수 있습니다.

게다가 검증 되지 않은 외국인 교사들은 그저 입 만 가지고 와서 각종 혜택을 마구잡이로 누리며 어린 청소년들의 민족적 정서를 정체불명의 서구적 방종 문화로 이끌어 갑니다.

여기에 한 몫 더하는 부모들의 극성은 자신들이 못 풀은 영어의 한 맺힘을 자녀들에게 돌려, 우리의 미래인 후대들이, 우리말의 아름다움과 한국어 체계에 대한 자긍심을 채 인식하기도 전에, 혀 길이 수술 까지 강요하며 분명한 목표의식도 없이 짓눌러 댑니다.

설상가상으로 제대로 된 교육 정책을 펴지 못하니, 미친 영어, 저절로 되는 영어, 문법 없는 영어, 소리 지르는 영어, 춤추는 영어…… 등등 헤아릴 수도 없고 이해할 수도 없는 신출귀몰한 영어 학습법이 범람하고 있어, 우리의 후대들은, '바벨'의 어원인 '혼란' 그대로, 명실공히 혼잡과 혼란에 빠져 있습니다.

하나님을 떠난 사람들이 하나님의 계획도 알지 못하고, 비교의식과 경쟁심리 속에서 막연히 시작한 영어 공부는, 문화 충격을 이기지 못한 정신적 혼란과 우울 증세를 만들어 내어 심각한 사회문제를 일으키거나, 아니면 약물과 마약에 노출시켜 개인과 이웃을 망가뜨립니다. 이 또한 바벨탑이 초래한 재앙입니다.

성과 대를 쌓았다는 말은 도시를 건설하고 탑을 높이 쌓아 올렸음을 의미합니다.

놀랍게도 인간의 심성 깊은 곳 아니, 하나님의 사랑과 그 주권을 거부하는 사람들이 만들어낸 각종 종교들의 공통된 특징 중의 하나는 탑 쌓기를 무척 좋아한다는 것입니다.

불교가 성한 태국, 힌두교가 범람하는 인도, 하나님의 말씀을 적당히 변질시켜 창조적 진화론은 물론 마리아와 교황의 무오설을 주장하는 천주교의 메카 이태리, 심지어 복음을 말한다고 주장하는 기독교마저도, 목회자 개인의 강력한 부흥 동기와 야망에 사로잡혀 지어진 건물이 서 있는 곳은 이 세상 어디라도 하늘을 찌를 듯한 건물이 성전이라는 이름으로 서있습니다.

바벨탑의 꼭대기에 신전이 있었듯이, 하늘에 닿아 신에게 예배드린다는 그들 나름대로의 기준으로 탑을 쌓아 올리되, 누구의 탑이 더욱 견고하고 높은 가에 경쟁을 걸고, 이긴 자는 우쭐해 합니다.

그러나 이때 하나님께서는 그들을 가차 없이 흩어버리십니다.

하나님의 절대적 보호하심과 계획이 없으면 인간은 절대로 하나가 될 수 없는 이기적 존재입니다. 바벨탑에서 혼잡하게 된 우리들의 언어는 하나님을 대적한 교만에서 비롯된 것이었습니다.

그 바벨탑의 저주가 풀어진 곳이 바로, 마가의 다락방입니다. 120명의 생명을 건 제자들……, 예수님의 행적과 십자가에서의 죽음, 그리고 그분의 부활을 본 증인들이 한 자리에 모여 자신들이 처한 위기 상황에도 불구하고, 오로지 하나님의 약속을 믿고 겸손히 무릎 꿇었을 때, 하나님이 예비하신 축복의 시간표가 그들에게 이르렀고, 바로 그 때, 성령의 충만함을 얻은 그들이 각자 자신들의 언어로 말하였으나, 서로 알아들었음을 기이히 여겼다고 성경은 말합니다. How come we're hearing them talk in our various mother tongues? The Message

'바대인과 메대인과 엘람인과 또 메소보다미아, 유대와 가바도기아, 본도와 아시아 브루기아와 밤빌리아, 애굽과 및 구레네에 가까운 리비아 여러 지방에 사는 사람들과 로마로부터 온 나그네, 곧 유대인과 유대교에 들어 온 사람들과 그레데인과 아라비아인들이라, 우리가 다 우리의 각 방언으로 하나님의 큰일을 말함을 듣는 도다 하고 다 놀라며 의혹하여 서로 가로되 이 어쩐 일이냐 하며 또 어떤 이들은 또 조롱하여 가로되 저희가 새 술이 취하였다 하더라' 사도행전 2장 9절~13절

하나의 언어가 흩어져 바벨탑의 저주가 시작 되었다면, 흩어진 언어가 하나로 통하여 마가 다락방의 축복은 시작 된 것입니다.

이런 맥락에서 볼 때, 영어 스트레스를 확 날리는 길은, 우선 하나님의 절대주권을 인정하고, 그분 앞에 겸손히 무릎 꿇어 우리 각 개인을 향한 하나님의 뜻과 계획인 전도와 선교를 위해 하나님의 지혜와 힘을 구할 때……, 마가 다락방에 모였던 제자

들의 입과 귀가 확 열렸듯이……, 그렇게 가능하지 않을까요.

하나님의 비밀인 그리스도 안에는 지혜wisdom와 지식knowledge의 보화가 가득 담겨 있을 뿐 아니라, 세상의 초등학문을 정복하고도 남을 강력한 힘이 있습니다. 골로새서 2장 3절

인간의 욕망
그 끝없이
높아지고픈

Gospel from The beginning

인간의 욕망 그 끝없이 높아지고픈

흩어지지 않았던 초대교회에 위기가 온 것 같지만 하나님의 원대한 물밀 계획은 전 세계에 흩어져 복음을 전파하는데 있었던 것입니다.

인간의 욕망- 그 끝없이 높아지고픈-

Gospel from The beginning

바벨탑의 시작은 '하나님같이' 높아보려는 인간의 끊임없는 욕망과, '흩어짐을 면하여' 하나님 없이도 잘 살 수 있다는 인간의 능력을 과시해 보려는 데 있었습니다.

그러나 하나님을 거부하고 대적하는 인간 본위의 야망과 욕심의 결과는 결국 산산이 무너져 내렸습니다.

뎅그러니 터만 남은 바벨탑의 자취와 같이, 인간의 끝없는 욕망과 욕심 뒤에는 공허만이 영혼 가득 내려 앉아, 자신은 물론, 이웃까지 파괴시키는 재앙을 불러 옵니다.

영적인 존재로서의 인류타락이 바벨탑의 몰락에 종종 비유되는 것은, 창조주이신 하나님과 '함께' 하는 존재로 지음 받은 하나님의 자녀로서, 온 땅에 번성하고 충만하여할 우리가, 하나님을 떠나 교만하여져서 '하나님 같이' 되어보려는 끝없는 욕망과, 똘똘뭉쳐 '하나님을 대적하는' 사단의 추종자로 타락해가고 있음을 뜻하는 것입니다.

또 다른 측면에서 바벨탑의 저주에 대한 사회적 근거도 있습니다.

경제전문 칼럼니스트인 윌리엄 페섹은 블룸버그 통신 칼럼에서 인류의 초고층 빌딩에 대한 열망이 경제위기의 전조가 되어 왔다고 지적했습니다.

그가 예로 든 빌딩들은 이렇습니다.

고대 바벨탑에 이어 1997년 말레이시아 쿠알라룸푸르의 페트로나스타워, 1974년 미국 시카고의 시어스 타워, 1930년 뉴욕의 엠파이어스테이트 빌딩, 최근에 지어진 대만의 타이페이 파이넨셜 센터도 '초고층 빌딩의 저주'를 피해가지 못하고 천수이벤 총통의 암살 위기를 가져왔다고 주장하면서 두바이를 비롯한 중국에서의 높은 빌딩 짓기 시합은 내년에 있을 경제위기와 지정학적 위험 등을 피해가야 할 것이라고 주장했습니다. 매경, 06, 12,12

그러고 보니 미국의 쌍둥이 무역 센터는 수 없는 인명을 앗아갔고 그 재앙은 이라크 전쟁이라는 희대의 복수극을 낳아, 오직 자국의 이익과 욕심에 따라 사람이 사람을 미워하고 죽이는 대 재앙을 불러 왔습니다.

우리나라 역시 서울과 지방에 초고층 빌딩을 지을 계획이라는데, 그 많은 사무실을 다 채워 입주할 업체가 있을 지, 그로 인해 경제적 손실과 파산을 가져올지 몰라 벌써부터 우려의 목소리가 높습니다.

아랍의 속담대로라면, 무리와 권력과 교만은 가장 치명적인 배합입니다.

교만이라 함은 히브리어로는 '알라로네아아' 혹은 '알라론'으로서 하나님을 의지하는 대신 자신의 능력이나 소유물을 의지하는 것이라고 정의하고 있습니다.

이렇듯 하나님을 거부하는 교만한 사람들이 무리를 만들어, 절대 흩어지지 말고 똘똘 뭉쳐 힘을 발휘하자고 공모하는 것이야말로 치명적인 재앙을 가져오는 원인이 된다는 말입니다.

이것이 곧 바벨탑의 저주이며 그 결과는 파괴입니다.

바벨탑의 시작은 '하나님 같이' 높아보려는 데 있었습니다.

이러한 생각의 발상은 곧, 창세기 3장에 출현하여 하나님과 우리 사이를 이간시키고, 아담과 하와의 가정을 파괴시켰으며, 형이 동생을 무참하게 죽이는, 인류 최초의 비극을 충동질 했던 사단, 에덴의 축복을 빼앗아 가버린 그 마귀의 속삭임이라는 데 영적인 촉각을 세워야 합니다. 그로부터 땅은 저주를 받아 독을 뿜어내고 인류는 해산하는 고통과 노동의 수고로 땀을 흘리지만 결국 허무하게 흙으로 돌아가는 죽음이 기다리고 있습니다.

결코 죽지 않을 것이라고 속삭이던 마귀의 속삭임은 거짓말임이 확실한데도, 인간은 아직도 착각에 빠져 죽지 않을 것처럼 악을 쓰며 집착합니다.

높이 더 높이 올라가려는 끝없는 야망도 결국 한 줌 먼지로 돌아가련만, 앞 다투는 경쟁 속에서, 네가 더 높으냐 내가 더 높으냐, 비교하며 경쟁하며 서로를 짓밟습니다.

이것은 단지 건물 높이에 관한 문제가 아니라, 각자의 심령 속에 자리 잡은 이기심과 명예욕의 문제, 나아가서는 영적인 문제까지도 같은 맥락에서 눈여겨 봐야 합니다.

인간이 하나님을 떠나 '하나님처럼' 되어보려는 각종 종교들,

뉴 에이지 사상과 철학들, 불건전한 신비주의, 미신과 역술, 헛된 철학들은 무너져 내릴 바벨탑의 벽돌과 같이 그렇게 무의미하고 헛된 것일 뿐 아니라, 사단의 궤계에 매여 재앙과 타락을 가져오는 것입니다.

바벨탑이 시작된 또 하나의 발상은 '흩어짐을 면하자'는 것이었습니다.

하나님은 창조이래로, 인류를 향해 생육하고 번성하여 온 땅에 충만하고 다스리라고 부탁하십니다.

이후 예수님께서는 부활 이후에 우리에게 이와 같은 지상 명령을 내리십니다.

'하늘과 땅의 모든 권세를 내게 주셨으니, 그러므로 너희는 가서 모든 족속으로 제자를 삼아 아버지와 아들과 성령의 이름으로 세례를 주고 내가 분부한 모든 것을 가르쳐 지키게 하라, 볼 지어다, 내가 세상 끝날 까지 너희와 항상 함께 있으리라' 마태복음 28장 18~20절

'너희는 온 천하에 다니며 만민에게 복음을 전파하라, 믿고 세례를 받는 사람은 구원을 얻을 것이요 믿지 않는 사람은 정죄를 받으리라 믿는 자들에게는 이런 표적이 따르리니 곧 저희가 내 이름으로 귀신을 쫓아내며 새 방언을 말하며 뱀을 집으며 무슨 독을 마실지라도 해를 받지 아니하며 병든 사람에게 손을 얹은 즉 나으리라' 마가복음 16장 15~18절

'오직 성령이 너희에게 임하시면 너희가 권능을 받고 예루살렘과 온 유대와 사마리아와 땅 끝까지 이르러 내 증인이 되리라' 사도행전 1장 8절

그런데, 마가다락방에서 체험한 성령의 역사를 힘입어 아름

다운 공동체를 이루었던 초대교회가 시간이 흐름에 따라, 민족적 이기주의인 선민사상의 틀을 뛰어 넘지 못하고, 이방인을 배척하는 매너리즘에 빠져있을 그 때, 똘똘 뭉쳐있던 초대교회를 흩어버리는 하나님의 역사가 시작됩니다.

아나니아와 삽비라는 사단이 충만하여 사도들을 속임으로 죽음을 면치 못하고, 히브리파 과부와 헬라파 과부들은 밥 먹고 사는 문제 때문에 분쟁을 일으킵니다.

게다가 신실한 집사 스테판이 유대인의 손에 순교함으로써 큰 핍박이 일어난 것입니다.

이 핍박을 피하여 빌립은 이방인의 땅으로 도망치지만 그 결과, 사마리아와 이디오피아에 복음을 전하는 선교의 문을 열었습니다.

또한 기독교 역사상 가장 위대한 회심 장소인 다메섹에서는 살기등등한 핍박자 사울이 전도자 바울이 되어 세계선교의 장을 펼쳤습니다.

흩어지지 않았던 초대교회에 위기가 온 것 같지만 하나님의 원대한 물밑 계획은 전 세계에 흩어져 복음을 전파하는데 있었던 것입니다.

하나님같이 되어, 흩어짐을 면하자는 것은 바로 사단의 속삭임입니다.

그 속삭임은 바벨탑의 재앙을 낳습니다.

하나님과 함께 하는 우리들마저도, 흩어짐에 대한 하나님의 진정한 계획을 모르면, 다시 말해 전도와 선교를 깨닫지 못하고 세계복음화에 대한 민감성을 잃어버리면, 하나님은 있는 자리에서 높이 경쟁하지 말고 어서 흩어지라고 촉구하십니다.

Section 2

열조의 하나님, 나의 하나님

아브라함·이삭·야곱·요셉의 하나님

아브라함- 미지의 땅을 향해 떠나다

Gospel from The beginning

아브라함-
미지의 땅을 향해 떠나다

우리의 인격과 상관없이 약속을 지키시는 하나님의 신실하신 사랑과, 온 세상 끝까지 언약을 전달하기 위한 하나님의 원대한 계획이 함께 했기에, 아브라함이 걸었던 미지의 땅은 두려움이 아니라 안식이었고, 고난이 아니라 축복이었습니다.

우상으로 가득한 갈대아 우르를 떠나 하나님이 지시하신 미지의 땅, 가나안을 향하는 아브라함의 인생 여정은, 하나님의 일방적인 부름calling으로부터 시작됩니다.

누군가 말했듯이, 하나님의 부르심은 토론이나 논쟁이 아닌, 장엄한 선포이며, 그 안에는 저항할 수 없는 힘과 사랑과 계획이 담겨 있습니다.

단 한 줄의 설명도 없이 아브람을 불러 아브라함으로 변화시킨 하나님의 사랑 안에는, 그 이름에서 말해 주듯, 평범한 한 사람, '큰아버지'같은 삶에서 이스라엘의 조상, 그것도 언약을 계승해 나아갈 '열국의 아비'라는 어마어마한 축복의 삶으로, 그 인생의 스토리를 완벽하게 전환 시키는 주님의 원대한 계획이 숨겨져 있었습니다.

같은 시대, 동방의 의인으로서, 하나님 앞에서 순전하고 정직한 삶을 살아, 하나님을 경외하여 악에서 떠났던 욥을 제쳐두고, 오히려 이방신이 우글거리는 음침한 우상의 땅에서, 그것도 우상을 만들어 파는 데라의 아들을 부르신 하나님의 생각이 무엇이었을까 생각하면 할수록, 주님의 지혜와 절대주권에 대한 확신으로 가슴이 뭉클해집니다.

아마도 그것은 우리 자신이 지금 현재, 의인 '욥'으로 살아가고 있다기 보다는, 하나님의 절대적 사랑과 계획 없이는, 그저 한 사람의 '아브람'으로 살다가 안개처럼 이 땅에서 덧없이 스러져 갈수 밖에 없는 운명적 존재로서의 정체성을 인정하기 때문일 것입니다.

아브라함은 하나님께서 그의 믿음을 '의'로 여길 만큼 절대적 순종으로 미지의 땅을 향해 길을 떠납니다.

그러나 때로 문제 앞에서 넘어지고, 유익 앞에서 이기적으로 돌변하여 좌충우돌 했음에도 불구하고 결국 복의 근원으로서 개인은 물론, 가문과 민족과 세계를 구원하는 축복을 누립니다. 그런 그의 인생 스토리 속에서, 사건은 달라도 내용이 너무나 닮아 있는 우리 자신의 연약함을 능히 발견 할 수 있을 뿐 아니라, 한 편으로, 우리를 통해서 성취하고자 하시는 하나님의 원래 계획은, 우리의 실패나 실수에 상관없이 절대로 변경 되지 않는다는 사실에 다시 한 번 힘을 얻습니다.

그렇다면 아브라함을 부르신 하나님의 원래 계획은 무엇이었을까요…….

결론부터 말하면, 그것은 언약성취를 위한 완벽한 축복이었습니다.

하나님은 아브라함을 부르시고 이렇게 말씀하셨습니다.

'너는 네가 살고 있는 땅과 네가 난 곳과 너의 아버지의 집을 떠나서, 내가 보여 주는 땅으로 가거라. 내가 너로 큰 민족이 되게 하고, 너에게 복을 주어서 네가 이름을 크게 떨치게 하겠다.

너는 복의 근원이 될 것이다. 너를 축복하는 사람에게는 복을 베풀고, 너를 저주하는 사람에게는 내가 저주를 내릴 것이다. 땅에 사는 모든 민족이 너로 말미암아 복을 받을 것이다.' 창세기 12장 1~3절 표준 새 번역

갈대아 우르를 떠나라고 말씀하신 하나님의 계획은, 아브라함- 곧 우리의 옛 배경을 완전히 벗어버리게 함으로써 옛 생각과 체질로부터 우리를 자유케 하는 것이었습니다.

다시 말하면, 태어날 때부터 창세기 3장의 원죄적 배경을 가지고 태어나, 하나님의 자녀가 아닌 진노의 자녀로 살아갈 수밖에 없는 우리의 운명적 모습을 벗어버리고 이제는 창세기 1장의 원래 모습을 회복함으로써, 우리로 하여금 구원의 축복을 누리기를 원하셨던 것입니다.

이것이 바로 복음입니다.

이 복음은 곧 생명이기 때문에 자라나는 힘이 있습니다.

이 힘은 구원의 빛이 되어 온 가정과 가문은 물론 민족과 세계를 향해 능히 밝힐 수 있습니다.

이 사실을 믿었던 아브라함은 마침내 가나안 땅에 이르러 하나님이 기뻐하시는 예배를 드립니다. 이 때 하나님께서는 다시 한 번 다짐을 하십니다.

'내가 너의 자손에게 이 땅을 주겠다.' 창세기 12장 7절

하나님이 약속하신 땅, 가나안은 장차 메시아, 그리스도께서 태어나실 곳이었습니다.

아브라함에게 복의 근원이 되리라고 약속하신 하나님의 계획 속에는 장차 그의 후손을 통해 메시아가 이 땅에 오게 될 최고의 축복이 숨겨져 있었던 것입니다.

그러나 이에 대한 믿음이 희미해 졌을 때, 그는 환경 속에서 넘어지고 인간관계 속에서 무너져 버렸습니다.

하나님의 뜻을 따라 묵묵히 걸어가던 그의 인생 여정 속에 뜻하지 않은 두 가지 문제가 찾아 온 것입니다.

하나는, 가나안에 기근이 들어 먹을 것이 없게 되어 애굽으로 내려가지 않을 수 없는 환경에 처하게 되었고, 다른 하나는 너무나 아름다운 자신의 아내 사래 때문에 어쩌면 죽임을 당할지도 모른다는 불안감이었습니다.

하나님이 거듭거듭 약속하신 축복의 땅을 벗어난 것은 결국 육신적인 문제 때문이었습니다.

먹고 사는 문제 - 지극히 단순하면서도, 별 거 아닌 것 같은 이 문제야 말로, 우리로 하여금 영적인 축복을 누리지 못하도록 공격하는 최고의 악랄한 복병입니다.

심지어 공생애를 앞두고 주리며 기도하시는 예수님을 찾아와 유혹하는 사단의 목소리는 돌덩어리로 떡을 만들어 배고픈 문제부터 해결하라는 속삭임이었습니다.

너무나 당연하고도 그럴듯한 육신적 작은 이유 하나 때문에 하나님의 계획에서 벗어나면 그와 동시에, 더 큰 문제에 직면하게 됩니다.

그것이 바로 아브라함이 겪어야 했던 뼈아픈 고통이었습니다.

사랑하는 아내를 애굽 왕의 침실에 보내야 하는 그의 고뇌가 , 상상해 보건대, 그로 하여금 하나님께 부르짖게 하였고 그를 불쌍히 여기신 하나님께서 바로 왕의 궁전에 재앙을 내려 그의 문제를 해결해 주셨습니다.

하나님의 자녀에게 일어나는 일련의 사건 속에는 반드시 우리의 수준을 능가하는 하나님의 위대한 계획이 숨겨져 있습니다.

그것은 사라의 몸을 통해 이어질 메시아 곧, 그리스도가 나실 언약의 혈통을 보존하기 위한 하나님의 더 큰 계획이 있었습니다.

아브라함은 이 일로 인해 애굽 왕으로부터 상당한 양의 재물을 확보하게 됩니다.

양과 소, 암수 당나귀, 남여 종, 낙타들……, 사람들은 위기 앞에서 자신의 성격을 드러낸다고 하는데, 자신이 죽임을 당할지도 모를 문제 앞에서 한 없이 비겁해졌던 그의 연약함에 상관없이, 먹고 사는 문제를 완벽하게 해결 해 주시는 하나님의 무한한 관용을 실감합니다.

바울이 경고한 대로 육신의 생각은 사망이요, 하나님과 원수가 되어 하나님의 법에 굴복치 않을 뿐 아니라 하나님을 기쁘시게 할 수도 없습니다. 로마서 8장 8~9

그러나 한 편, 하나님을 사랑하는 자, 그 뜻대로 부르심을 입은 자들에게는 모든 것이 합력하여 선을 이루는 로마서 8장 28 하나님의 법칙이 있기에 우리는 평안을 누릴 수 있습니다.

우리의 인격과 상관없이 약속을 지키시는 하나님의 신실하신 사랑과, 온 세상 끝까지 언약을 전달하기 위한 하나님의 원대한 계획이 함께 했기에, 아브라함이 걸었던 미지의 땅은 두려움이 아니라 안식이었고, 고난이 아니라 축복이었습니다.

가진자로서의 용기-
네가 좌左하면
나는 우右하리라

Gospel from The beginning

가진자로서의 용기-
네가 좌左하면
나는 우右하리라

육신적 동기 앞에서 과감히 하나님께로 돌아서는 결단이야말로 또 하나의 용기입니다. 그 용기는 자신의 불신앙을 꺾어버리고, 잠시는 아프더라도, 하나님 앞에서 걸림돌이 되는 것이라면 과감히 내어던지는 결단에서 비롯됩니다. 이러한 결단 뒤에는 반드시 하나님의 축복이 기다리고 있습니다.

가진자로서의 용기-
네가 좌左하면
나는 우右하리라

가진 자가 할 수 있는 양보는 거의 용기에 가까운 것입니다.

가지면 가질수록 더 갖고 싶어 하는 것이 가진 자의 일반적 성향이라면, 갖고 양보하는 것은 아주 특별한 경우이기 때문입니다.

애굽에서 많은 재물을 얻게 된 아브라함은 팔레스타인의 남부 지역인 네게브, 곧 가나안으로 돌아갑니다. 그는 하나님께서 원래 지시하신 땅, 가나안으로 돌아오자마자 즉시 단을 쌓고 하나님께 예배를 드립니다.

그런데, 그의 나그네 여정이 화평 가운데 안주하는가 했더니, 조카 롯과 불화가 시작되고 말았습니다.

성경은 말하기를 그들의 소유가 많아 동거할 수 없었다고 말합니다.

아브라함의 목자들과 롯의 목자들 사이에 싸움이 일어난 것입니다. 가진 자들 끼리 갖는 싸움은 더 많이 가지려는 데서부터 비롯됩니다.

그 때 당시 그 곳에 살고 있었던 가나안 사람들과 브리스 사람들, 다시 말해 이방인들 앞에서의 집안싸움은 썩 좋아 보이지 않습니다.

아브라함은 조카 롯에게 말합니다.

'너와 나는 한 핏줄이 아니냐, 우리, 이방인 앞에서 다투지 말자, 네 앞에 넓은 땅이 펼쳐져 있지 않느냐, 나를 떠나거라……, 네가 좌左하면 나는 우右하고 네가 우右하면 나는 좌左하리라.' 창세기 13장 9절

서로 자멸 할 수도 있는 위기 앞에서 아브라함의 선택은 곧, 가진 자로서의 용기였습니다.

미래에 대한 두려움이 없을 때 우리는 용기를 낼 수 있습니다.

애굽에서의 쓰라린 실패를 통해 하나님의 절대주권과 그분의 권능을 의지하는 믿음을 회복한 아브라함은, 두려움으로부터 오는 모든 불신앙을 내어버리고 예배를 회복함으로써 그에게 닥친 문제 앞에서 당당하고 멋있게 대처할 수 있는 믿음을 갖게 되었습니다.

예배의 축복은 하나님의 임재를 실감하는 것입니다.

하나님의 임재를 실감한 자 만이 하나님과 함께하는 임마누엘의 축복 속에서, 어떤 상황에서도 두려워하지 않는 용기와 더불어, 누구든지 수용할 수 있는 넉넉한 여유로움과 삶의 누림을 가질 수 있습니다. 진정한 누림은 물질의 부유함에서 오는 것이 아니라 영혼의 풍요로움에서 비롯되기 때문입니다.

또한, 아브라함의 선택은 언약을 붙잡은 복음적 선택이었습니다.

하나님의 절대주권을 인정하고 그분의 약속을 철저히 믿는 믿음으로만 우리는, 우리 앞에 놓여진 환경과 문제 앞에서 담대해 질 수 있을 뿐 아니라, 자신의 유익 앞에서 구차한 계산으로 인간관계를 무너뜨리지 않습니다.

반면에 롯의 선택은 하나님의 약속과는 전혀 상관없는 육신적이고도 현실적인 것이었습니다.

눈을 들어 소돔과 고모라 땅을 바라본 롯의 마음엔 만족함이 넘쳤습니다.

물이 넘쳐흐르는 기름진 땅은 마치 애굽 땅과 같기도 하고 심지어는 하나님의 동산 같이 보일 정도로 아름답고 비옥해 보였습니다.

하지만 영적으로는 '여호와 앞에서 큰 죄인'들이 사는 땅이었다고 성경은 밝히 적고 있습니다.

"The people of Sodom were evil– flagrant sinners against God." Gen 13:13 The Message

정확히 말하면, 소돔 땅의 모든 사람들이 사악함으로 하나님을 대적하여 하나님을 떠난, 극악무도한 죄인들이었다는 것입니다.

남자가 남자를 취하는행위나 짐승과 성교하는 행위를 'sodomy' sάdəmi 소도미 라고 부르는 것은 그 시대 소돔 땅의 타락을 여실히 보여줍니다.

비록 하나님을 믿는다고 말하는 종교적 환경에 있다 할지라도, 영적인 무지에 빠진 롯과 같은 이들은, 사단이 던져준 달콤한 물질 문화와 환경을 이길 수 없어 결국 깊은 실패의 늪 속으로 빠져 듭니다.

어쩌면 유황불이 내리는 소돔 땅의 심판 속에서 모든 소유를 잃게 되는 롯의 결말은 당연한 것입니다.

사도 바울은 오늘 날, 하나님의 언약을 잃어버리고 현실적인 쾌락과 육신적인 탐욕으로 사로잡힌 자, 곧 롯과 같은 이들에게 이렇게 경고합니다.

'사람들은 스스로 지혜가 있다고 주장하지만 실상은 어리석어서, 썩지 않는 하나님의 영광을 썩어질 사람이나 새나 네 발 달린 짐승이나 기어 다니는 동물의 형상으로 바꾸어 놓았습니다……,……

하나님께서는 사람들을 부끄러운 정욕 속에 내버려 두셨습니다. 여자들은 남자와의 바른 관계를 버리고 서로 욕정에 불탔으며, 남자가 남자로 더불어 부끄러운 일을 하였습니다. 그래서 그들은 그 잘못에 마땅한 대가를 스스로 받았습니다.

사람들이 하나님을 인정하기 싫어하므로 하나님께서는 사람들을 타락한 마음자리에 내버려두셨습니다.' 로마서 1장 22~28절 표준새 번역

더불어 바울은 이 땅의 재물로 인해 교만하지 말고 덧없는 재물에 소망을 두지 말며, 오직 우리에게 풍성히 주사 누리게 하시는 하나님을 마음에 두라고 부탁합니다. 디모데 전서 6장 17절

육신적 동기 앞에서 과감히 하나님께로 돌아서는 결단이야말로 또 하나의 용기입니다.

그 용기는 자신의 불신앙을 꺾어버리고, 잠시는 아프더라도, 하나님 앞에서 걸림돌이 되는 것이라면 과감히 내어던지는 결단에서 비롯됩니다. 이러한 결단 뒤에는 반드시 하나님의 축복이 기다리고 있습니다.

아브라함은, 본토 친척 아비 집을 떠나라는 하나님의 명령을 따르기는 하였지만 조카 롯을 대동하는 불순종을 범합니다.

인간적인 고독, 혼자되는 두려움, 그래서 끊지 못하는 인정은 결국 아브라함이 나아가는 여정 속에 늘 걸림돌이 되었습니다.

서로 좋은 땅을 차지하려는 목자들과의 다툼, 그돌라오멜 왕과 동맹군으로부터 구출 작전, 소돔 성으로 부터의 탈출. 말도 많고 탈도 많은 인간적 관계를 끊어버리되 모든 우선권을 용기있게 양보하고 멋있게 나아온 아브라함에게 하나님은 말씀하십니다.

'……, 너는 눈을 들어 너 있는 곳에서 동서남북을 바라보아라. 네 눈에 보이는 땅을 너와 네 자손에게 주리니 영원히 이르리라, 내게 네 자손으로 땅의 티끌 같게 하리니 사람이 땅의 티끌을 능히 셀 수 있다면 너의 자손을 셀 수 있으리라 내가 이 땅을 너에게 주리니 길이로도 걸어보고 너비로도 걸어 보아라.' 창세기 13장 14~17절

솔로몬 시대에 '유다와 이스라엘의 인구가 바닷가의 모래 같이 많게 되었다'는 기록 열왕기상 4장 20절 으로 볼 때 이 예언은 성취되었습니다. 바울 성경 연구 시리즈

이 예언은 이스라엘 백성에 대한 것일 뿐 아니라, 앞으로 다가올 미래, 즉 하나님의 언약인 예수 그리스도 – 그 복음 안에 세워질 이 시대 그리스도인을 상징하는 것입니다.

하나님의 역사는 우리가 하나님의 약속을 믿고 올바른 신앙 고백 속으로 들어 갈 때 시작됩니다.

하나님이 우리의 주인이시며, 지금도 살아계신 하나님의 아들 독생자 예수 그리스도께서 사단의 머리를 밟으신 왕으로, 우리의 죄와 저주와 재앙과 운명의 문제를 해결하신 제사장으로,

그리고 또한 선지자로 이 땅에 오셔서 우리 인생의 근본 문제를 완전히 해결하셨다고 하는 이것이 바로 올바른 신앙고백입니다. 창세기 3장 15절, 마태복음 16장 16절

이기적이고 자기중심적인 이 세상을 향하여 모든 우선권을 담대하게 던져주고 '네가 좌左하면 내가 우右하리라'는 당당한 용기는, 바로 이 신앙고백 위에 세워진 믿음을 가진 자에게 만 가능합니다.

믿음 – 두려움을 이기는 우리의 방패, 그리고 상급

Gospel from The beginning

믿음 -
두려움을 이기는
우리의 방패,
그리고 상급

이 세상의 평가 기준에 의한 논리나 전통, 유전이나 철학으로는 하나님을 믿는 믿음을 가질 수도 없고 그리스도를 만날 수도 없을 뿐 아니라 오히려 이런 것들로부터 우리의 영혼이 노략질 당할까 조심하라고 경고 합니다. 골로새서 2장 8절

믿음 - 두려움을 이기는 우리의 방패, 그리고 상급

Gospel from The beginning

'우리가 이 세상에서 진정으로 평안을 원한다면 이 땅의 어느 한 사람 소외됨 없이, 모든 이들을 사랑하는 그 일을 시작해야하고, 온 누리에 기쁨이 가득하길 원한다면 이 땅의 모든 가정들이 기쁨을 누려야한다'고 마더 테레사는 그의 어록에 썼습니다.

그래서 그녀는 버려진 이들을 위해 인도의 콜카타에서 50여년 동안 헌신했습니다.

배고픈 이들에게 따뜻한 수프를 끓여서 나누어주고, 죽어가는 이들의 더러운 몸을 끌어안고 씻기며 위로했습니다. 그래서 그녀는 1979년 명예로운 노벨 평화상을 수상하였고, 2003년에는 가톨릭의 귀감이 되었던 그녀의 삶을 기리고자 로마 교황청이 내린 성인의 반열에 올랐습니다.

그 누구도 의심의 여지없는, 참으로 아름다운 생애를 살아가는 동안에, 자신의 소유에 매달려 이기적으로 살아가는 사람들에게는, 따뜻하지만 때로는 냉혹한 정죄의 언어로 도전을 주었고, 가진 자들에게 눌려 사는 약자들에게는 한량없는 위안과 사랑의 언어로 다독였습니다.

그랬던 그녀가 천국에 갈 수 있다는 확신도 없이 '마치 모든 게 죽은 것처럼, 내 안에 끔찍한 어둠이 있다'고 고백하면서, 자신의 영혼 안에 왜 그리도 많은 고통과 어둠이 있는지, 대주교에게 답변을 요구했다는 미공개 서신이 세상에 알려지자마자, 타임지를 비롯한 국내 언론은 물론, 무신론자, 신자할 것 없이 왁자하게 논쟁하고 있습니다.

그도 그럴 것이, 노벨 평화상 시상식장에서 '예수님은 우리의 마음 속, 우리가 만나는 가난한 사람들, 우리가 주고받는 웃음 속, 모든 곳에 존재 한다'고 엄숙히 말함으로써, 하나님이 보이지 않아서 믿지 못하고 있던 무신론자들에게 그나마 해답을 주었었는데 정작 그녀 자신은, 밀려오는 공허함과 침묵 속에서 예수님을 보려 해도 보이지 않고 들으려 해도 들리지 않고 기도하려 해도 혀가 움직여 지지 않아 말을 할 수가 없다고 했으니 온 세계가 놀랄 만도 합니다. J일보 8월 25일자 참고

더욱이 가슴 찡한 것은, 믿어 보려 해도 믿어지지 않는 고뇌와 갈등 속에서, 그럼에도 불구하고 대중 앞에서 믿어지는 척 해야 되는 두터운 가면에 짓눌린 채, 밤이면 무섭게 엄습해 오는 어둠을 이기지 못해 몸부림치다가, 새벽 네 시 반이면 어김없이 일어나 자신의 일에 충실하며, 오직 자신이 소원하는 것은 그리스도를 행복하게 하는 것뿐이라고 고백 했다니……, 어쩌면 평생 그녀가 돌보았던 빈자들보다도 오히려 그녀 자신이 더 불행했는지도 모릅니다.

보통 사람 같으면 자신이 하는 일에 그 정도로 시달리거나 고통스러우면 대부분 포기하거나 사람들의 눈에 띄게 주저앉아 버립니다.

그래서 이 세상에서는, 하나님을 향한 믿음 없이 특별하게 존경받는 사람들에겐 공통적으로, 그 누구도 따를 수 없는 인내와 야망과 의지와 오기와 힘이 있나봅니다.

성공했으나 개인이 불행한 이유가 바로 여기에 있습니다.

그런데 성경엔 참으로 특이한 인물들이 많이 나옵니다.

애굽 왕 바로가 가졌던 권력 앞에서 비겁하게 자신의 아내를 팔았던 아브라함, 장자의 축복을 얻으려고 앞 못 보는 아버지를 속인 야곱, 시 아버지와 동침한 다말, 기생 라합, 자신의 의와 혈기에 못 이겨 애굽 군인을 살인한 도망자 모세, 밧세바의 미모에 반해 충성된 장군 우리야를 간접 살인한 다윗……, 남편을 다섯 이나 둔 우물가의 여인, 로마에 빌붙어 세금을 포탈했던 민족 반역자 마태, 간음한 여인…… 그러나 온갖 연약함과 비천함 속에서도 그들이 성경에 기록될 만큼 하나님의 사랑과 축복을 누렸던 그 비밀……, 성경이 말해주고 있는 그 명백한 비밀을 마더 테레사도, 추기경도, 어쩌면 교황도 몰랐을 수 있습니다.

갈 바를 알지 못하였으나 하나님의 말씀을 마음과 영혼에 담았던 아브라함은, 믿음으로 약속하신 땅을 향하여 나아가 머무는 곳 마다 예배를 드리며 여호와의 이름을 불렀고, 야곱은 인생의 막판에 환도뼈가 위골 될 정도로 얍복 강가에서 하나님을 찾았으며, 다말은 자신을 통해 이스라엘의 후사를 약속하신 하나님의 신실하심을 믿고 하나님의 말씀을 무시하였던 유다에게 담대히 나아갔으며, 기생 라합은 홍해를 가르시고 광야에서 이스라엘을 인도하신 하나님의 능력을 경외함으로 그 배를 통해 다윗 왕을 낳았고, 황량한 미디안 광야에서 좌절과 고독과 무능함 속에서 생을 포기했던 모세는 호렙 산에서 하나님을 만나 민족의 지도자가 되었으며, 실수하였으나 끝까지 사랑하시는 하나님의 사랑과 그 구속의 은혜를 믿었던 다윗은 일생을 찬미의 삶으로 살았고……, 진리에 대한 목마름과 질문으로 가득했던 우물가의 여인은 예수님을 만남으로 그 배에서 생수의 강이 흘러 넘쳤으며, 세리 마태는 예수님의 말씀에 순종함으로 성경 기록자가 되었고, 돌에 맞아 죽어야 할 운명에 처했던 그 여인은 예수님의 용서와 사랑을 체험하여 믿음의 증인이 되었습니다.

그렇다면 이토록 많은 증인들이 누렸던, 그 비밀은 무엇일까요,

그것은 바로 테레사 수녀가 그토록 소유하고 싶어 했던 믿음이었습니다.

그 믿음은 바라는 것들의 실상이요 보지 못하는 것들의 증거이며 성경에 기록된 허다한 증인들이 이 믿음으로써 살아계신 하나님의 증거를 얻었다고 말하고 있습니다. 히브리서 11장 1~2절

그런데 이 믿음은 오직 들음에서 난다고 말합니다. 로마서 10장 17절

바울이 말하고자 했던 중대한 의미The point는, 믿음을 갖기 위해서는 반드시 전파하는 자가 있어야, 들을 수 있고, 듣기는 듣되, 그리스도에 대한 말씀이 아니고는 절대로 그 믿음을 소유할 수 없다는 것이었습니다.

'The point is : Before you trust, you have to listen. But unless Christ's Word is preached, there is nothing to listen to.' The Message Romans 10:17

다시 말해서 이 세상의 평가 기준에 의한 논리나 전통, 유전이나 철학으로는 하나님을 믿는 믿음을 가질 수도 없고 그리스도를 만날 수도 없을 뿐 아니라 오히려 이런 것들로부터 우리

의 영혼이 노략질 당할까 조심하라고 경고 합니다. 골로새서 2장 8절

'Watch out for people who try to dazzle you with big words and intellectual double-talk. They want to drag you off into endless arguments that never amount to anything .They spread their ideas through the empty traditions of human beings and the empty superstitions of spirit beings. But that's not the way of Christ.' Col 2:8 The Message : Eugene H. Peterson

그리스도를 믿는 믿음 , 이 믿음을 얻지 못한 데서부터 테레사 수녀의 어둠과 공허와 죽음같은 고독은 시작되었습니다.

반면에 이 믿음을 소유했던 아브라함은 인격도 부족하고 의지도 약했지만 자신의 가족인 롯이 소돔성에서 전쟁 포로가 되었을 때 가병 318명을 데리고 담대히 구출 작전에 나서서 승리를 거둠으로써 그 땅에 평화를 가져옵니다.

하나님은 그의 대적을 그의 손에 붙이시고 남은 재물을 취하게 하심으로, 두려움에 처해있을 그 곳에 그의 방패가 되어주셨고 빼앗겼던 그 곳에 더 큰 응답과 축복으로 함께 하신 것입니다.

믿음이 없이는 하나님을 기쁘시게 할 수 없습니다. 하나님의 살아계심과 하나님을 찾는 자들에게 상급을 주시는 분이심을 믿는 자들만이 하나님을 기쁘시게 할 수 있다는 것입니다. 히브리서 11장 7절

아브라함은 이 사실을 믿었으므로 하나님이 경영하시고 지으실 터가 있는 성, 영원한 천국을 소망하였습니다. 히브리서 11장 10절
하지만 하나님을 기쁘시게 하는 것이 오직 존재이유라고 말했던 테레사 수녀는 이 믿음이 없었으므로 깊은 갈등 가운데 죽이갔습니다.

하나님을 떠난 인간은 물 떠난 물고기처럼 갈증 나고, 흙을 떠난 나무처럼 열매 없이 시들어 죽어가며, 하늘을 떠나 새장에 갇힌 새처럼 어둡고 답답합니다.

이 때 몰려오는 것이 죽음 같은 두려움이어서 자꾸만 하나님의 낯을 피하여 숨기도 하고 무화과나무 잎을 엮어 자신의 내면에 감추어진 숨은 문제를 드러내지 않으려고 가면을 쓰기도 합니다.

이 어둠과 공허와 혼돈을 창세기 1장 2절 단번에 해결하신 분이 바로, 말씀이 육신이 되어 요한복음 1장 14절이 땅에 빛으로 오신 예수 그리스도십니다.

그리스도는, 하나님을 떠나, 깊은 죄의식 속에서 살게 만든 사단의 일을 멸하시려고 만왕의 왕으로 이 땅에 오셨습니다. 요한일서 3장 8절

이 예수 그리스도에 대해 듣지도 못하고 믿지도 못하면 결국 테레사 수녀가 맞이했던 고통의 순간처럼 입도 다물어지지 않을 만큼 극심한 죽음의 공포 속에서 고통 가운데 죽어갑니다.

이 땅에, 테레사 수녀처럼 그리스도의 믿음 없이 숭고한 인격을 가진 성인이 많으면 많을수록 유럽의 부자들이 던져주는 부스러기에 만족하면서, 죽는 그 날 까지 가난의 저주를 운명으로 받아들이며 비천하게 살아갈, 인도의 불가촉천민들은 그 수를 더 해 갈 것입니다.

그러나 인간에게 원죄적 운명과 저주를 가져다주고 우리의 삶을 도적질하고 멸망시키는 사단, 그 뱀의 머리를 밟아버리신 여인의 후손 예수 그리스도 창세기 3장 1~6절, 요한복음 10장 10절, 창세기 3장 15절 를 믿는 믿음으로, 양을 잡아 희생제물을 드렸던 아브라함이 이 땅에 많으면 많을수록 가난의 저주와 재앙은 사라집니다.

이 믿음을 소유하기 위하여 우리는 인격 수양이 아닌 영적 전투를 쉬지 말아야 합니다.

하나님을 믿지 못하도록 우리를 속이고 이간하는 사단이 오늘도 우리의 영혼과 생각을 틈타고 오기 때문입니다. 베드로전서 5장 8~9절

눈을 들어 하늘의 뭇별을 바라보라

Gospel from The beginning

눈을 들어 하늘의 뭇별을 바라보라

'아브라함아 눈을 들어 저 하늘을 바라 보거라, 그리고 저 별들을 세어 보아라 네가 셀 수 있겠느냐? 앞으로 네 자손이 저 별무리들처럼 창대케 될 것이다.' 창세기 15장 5절

'그가 믿었다! 하나님을 믿었다!' 'he believed! Believed God!' The Message 그의 벅찬 신앙 고백을 들으신 하나님, 우리를 사랑하시되 끝까지 사랑하시는 최고의 낭만주의자 하나님께서는, 그의 얄미운 일 초 전(?) 불신앙도 기억하지 아니하시고 곧바로 아브람을 하나님과 함께 하는 의로운 자Set-Right-with-God로 인정해 주십니다.

전 인류역사를 총망라하여 최고의 낭만주의자romanticist를 꼽으라면 아마 하나님이실 것입니다.

하나님께서는, 자신의 대를 이을 상속자도 없는데 무슨 상급이냐고 대드는 아브라함의 불신앙을 나무라지 않으시고 그의 손을 이끌고 밖으로 나가, 칠흑 같이 어두운 밤하늘에 보석을 흩뿌려 놓은 듯, 총총히 박힌 별무리들을 가리키시며, 말씀 하십니다.

'아브라함아 눈을 들어 저 하늘을 바라 보거라, 그리고 저 별들을 세어 보아라 네가 셀 수 있겠느냐? 앞으로 네 자손이 저 별무리들처럼 창대케 될 것이다.' 창세기 15장 5절

아브라함 엄밀히 말하면 아브람-열국의 아버지라는 의미의 아브라함으로 바뀌어 지기 전, 그의 이름은 단순히 큰 아버지를 뜻하는 아브람이었음 은 하나님께서 이미 그의 인생에 방패요 상급이 되어 주실 것을 약속하셨음에도 불구하고 자신의 몸에서 날 후계자가 없는 현실을 보라며 하나님께 따지고 듭니다.

게다가 하나님의 절대적인 주권을 무시한 채, 자신의 기준과 방법으로 대책까지 그럴 듯하게 세웁니다. 다름 아닌, 자신의 종에 불과한 엘리에셀을 상속자로 삼겠다고 오기를 부립니다. Abram said, God ,Master, what use are your gifts as long as I'm childless and Eliezer of Damascus is going to inherit everything? Abram continued, See, you've given me no children, and now a mere house servant is going to get it all.-The Message

그런 아브라함을 하나님은 질책하지 않으시고, 그의 손을 이끌어 아름다운 밤하늘로 인도하시는 것입니다.

아마도 이때 아브라함의 마음이 터질 듯 감격스러웠을 것입니다.

이를 증명하는 것은 바로 아브라함의 태도입니다.

'아브람이 여호와를 믿으니 여호와께서 이를 그의 의로 여기시고……' 창세기 15장 6절

원래 의미는 이렇습니다.

'그가 믿었다! 하나님을 믿었다!' 'he believed! Believed God!' The Message

그의 벅찬 신앙 고백을 들으신 하나님, 우리를 사랑하시되 끝까지 사랑하시는 최고의 낭만주의자 하나님께서는, 그의 얄미운 일 초 전(?) 불신앙도 기억하지 아니하시고 곧 바로 아브람을 하나님과 함께 하는 의로운 자Set-Right-with-God로 인정해 주십니다.

원래 불신앙이란 하나님의 말씀을 마음과 영혼 속에 담지 않음으로 해서 오는 것입니다.

아브람이 바라 본 현실은 분명한 사실입니다.

나이는 많은데 자식이 없는 그의 현실은 너무나 맞는 사실이지만, 하나님의 약속은 때로 현실과는 거리가 멀기도 하고, 사

실이 되기에는 논리에도 맞지 않는 듯 보입니다.

하지만 하나님께서 우리에게 요구하시는 믿음은, 우리가 바라는 모든 것들이 실상임을 믿는 것과, 하나님은 존재하시며 우리를 향한 약속을 반드시 지키시는 신실하신 분이심을 인정하는 것입니다.

이 사실을 믿지 않을 때 우리의 생각 속에 가라지를 뿌리는 원수가 찾아온다고 예수님은 말씀하십니다. 마태복음 13장 25절

이 생각들을 사로잡아 그리스도 앞에 복종시키는 것이 영적 전투입니다.

우리들이 생각하고 분석하며 계획하는 대부분의 것들은 하나님 떠나서 형성된 자아로부터 출발한 것입니다.

염려 걱정 두려움 의심 다툼의 기질과 체질들은 끊임없이 문제들을 생산해 냅니다.

그래서 문제 쫓아다니며 해결해 보려고 몸부림치다가 시간 낭비 힘 낭비, 돈 낭비, 감정낭비……, 급기야는 미래를 위한 준비도 하지 못 한 채, 인생의 비참한 결과를 맞이하게 됩니다.

아브람에게 하나님께서는 또 하나의 약속을 주시는데 메시아가 날 땅 가나안을 그의 손에 붙이시겠다는 약속이었습니다.

그러자 단순 기질형의 아브람, 또 현실 바라보며 하나님께 묻습니다.

'주 여호와여 내가 이 땅으로 업을 삼을 줄을 무엇으로 알리이까.' 창세기 15장 8절

그도 그럴 것이 가나안 땅에는 겐, 그니스, 갓몬, 브리스 족속뿐 아니라, 성질이 사악하여 파괴를 일삼기로 유명한 아모리

족속 등 이미 여러 족속들이 진을 치고 있었으므로 두려움이 그를 사로잡았을 것입니다.

그런 그에게 하나님께서는 또 한 번의 명확한 방법으로 약속을 확인해 주십니다.

하나님께 드릴 번제물, 곧 삼 년 된 암소와 암염소와 수양과 산비둘기와 집비둘기를 취하여 언약 예식을 치를 것을 명령하신 것입니다.

아브람이 하나님께 예배드릴 때 제물의 중간을 쪼개고 마주 대하여 놓았다 하는 것은 그 때 당시, 고대의 언약 체결 방법이었다고 합니다.

언약계약을 가리키는 말은 히브리어로 '베리트'인데 본래 이 말은 '자른다cut'는 뜻이 있습니다. 바울 성경 연구 시리즈 중에서

이 언약은 하나님과 인간 사이에 그리스도의 피로 맺어 진 계약을 의미하기도 합니다.

하나님과 우리 사이에 중보자로 오신 그리스도의 보혈 없이, 우리는 하나님을 만날 수 없습니다.

메시아로 오실 예수 그리스도, 우리의 구원자로 오실 그리스도는 반드시 가나안에 오셔야만 했던 것이 하나님의 백퍼센트 당위성입니다.

그 준비를 위해 아브람이 가나안을 유업으로 받는 것은 너무나 당연한 축복입니다.

아무 공로 없이, 하나님께서 부르셨다는 이유 하나 만으로 아브라함은 그의 불신앙의 벽을 넘는 믿음을 은혜로 누립니다.

그리스도를 믿는 믿음 안에는 반드시 해방과 자유와 누림이

있습니다.

이 사실을 잘 알고 있었던 히브리서 기자는 아브라함에 대하여 이렇게 적고 있습니다.

'믿음으로 아브라함은 부르심을 받았을 때에 순종하여 장차 분깃으로 받을 땅으로 나아갔습니다. 그런데 그는 어디로 갈지를 알지 못하였지만, 떠난 것입니다. 믿음으로 그는, 마치 타국에서와 같이 약속의 땅에서 거류하며 같은 약속을 함께 물려받은 이삭과 야곱과 더불어 장막에서 살았습니다. 그는, 하나님께서 설계하시고 세우실, 튼튼한 기초를 가진 도시, 영원한 나라를 바라고 있었기 때문입니다.' 히브리서 11장 8~10절 표준 새 번역

이와 같이 우리도 자신의 연약함을 인정하고 돌이켜 그리스도의 언약을 붙잡을 때, 하나님은 우리의 지나간 불신앙과 상관없이 우리를 통해 언약을 성취시키십니다.

그리스도의 언약을 붙잡는다 함은, 마귀의 일을 멸하신 왕 되신 그리스도, 죄와 사망의 법에서 생명의 성령의 법으로 우리를 해방 시키신 참 제사장 그리스도, 그리고 하나님 떠나서 우리에게 다가온 운명적 저주를 끊기 위해 하나님 만나는 참된 길, 선지자로 오신 그리스도, 그 이름의 권세를 우리의 삶에 사실적으로 적용시키고 사실화 하는 것입니다.

그리스도의 권세를 사실화하기로 결단한 것이 맞다면, 지금부터 우리 안에 내재 된 모든 불신앙을 사로잡아 그리스도 이름으로 꺾어 버려야 합니다.

이렇게 하지 않으면 우리는 예수님과 아무 상관이 없다고 마태는 성경에 기록하고 있습니다. 마태복음 12장 28~30절

의심과 염려의 쓴 열매 - 이스마엘

Gospel from The beginning

의심과 염려의 쓴 열매 - 이스마엘

하나님의 자녀는 구원의 축복을 누리는 가운데, 기도응답의 확신을 가지고, 현실을 믿음으로 바라보아야 합니다. 또한 메시아 - 그리스도의 피의 언약을 회복하여 단을 쌓고 여호와의 이름을 부르는 진정한 예배의 회복이 없이는 절대로 삶의 회복은 찾아오지 않습니다.

의심과 염려의 쓴 열매 - 이스마엘

Gospel from The beginning

하늘의 뭇 별 만큼 그 후손을 창대케 하리라는 하나님의 신실하신 약속을 의심하였던 아브라함과, 잉태하지 못하고 흘러가는 10년의 세월 속에서 염려로 가득했던 사라의 조급증이 빚어낸 불신앙의 쓴 열매 - 이스마엘의 출생은, 아브라함 가족의 불화를 기점으로, 오늘날 까지도 팔레스타인을 분쟁과 살육의 역사로 물들여 가고 있습니다.

하나님께서 밝은 곳에서 계시하신 것을 어둠 속에 숨어서 의심하지 말라고 경고한 '레이몬드 에드먼'의 경고가 새삼 떠오르는 대목입니다.

사라의 인본주의적 충동질은 마침내 애굽에서 데려온 여종 하갈로 하여금 후손을 낳게 합니다.

그러나 하나님의 뜻이 아닌, 자신의 동기로부터 비롯된 불신앙의 결과는, 예상치 못한 배신과 인간관계의 분열을 가져오는 것은 당연한 것이어서, 여종 하갈은 잉태한 순간부터 사라를 멸시합니다.

여인네들끼리의 집안싸움으로 하갈은 쫓겨나 수르 광야를 헤매지만, 결국 연약한 자도 보호하시는 하나님의 은혜 가운데 집으로 돌아와 이스마엘을 낳습니다.

아브라함의 나이 팔십 육세에 얻은 이스마엘은, 안타깝게도 여호와의 사자를 통해, 사람들 중에 들나귀 처럼 날뛰며 그 손이 모든 사람을 칠 것이고 모든 사람이 그의 손을 칠 것이라는 경고를 받습니다.

'He'll be a bucking bronco of a man, a real fighter, fighting and being fought, Always stirring up trouble, always at odds with his family.' Gen 16:12 The Message

다시 말해서 '그는 속수무책의 야생말처럼 치고받고 싸우는 진짜 싸움꾼이 될 것이며, 언제나 분란을 일으키고 항상 그의 가족에게 불화를 가져다 줄 것'이라는 뜻입니다.

그의 후손들이 유랑의 들이라 불리 우는 '크고 두려운 광야' - 바란에서 우거하며 활 쏘는 자가 되었다는 성경의 기록과 이후 그의 딸 중 하나가 에서의 아내가 되었다는 기록은 참 흥미롭습니다. 신명기 1장 19절, 창세기 21장 20절, 창세기 28장 9절

게다가 그의 후손들이 애굽과 길르앗을 오가는 상인이 되어 요셉을 애굽의 노예로 팔았던 바로 그 주인공들이라 하니, 조상으로부터 내려오는 가문의 스토리가 오늘 날 우리에게 던져줄 영향을 생각할 때, 섬뜩한 도전을 줍니다.

더더욱 흥미로운 것은, 이스마엘 후손은 광의적 해석에 따라 전 아라비아 유목민을 일컬으며, 이슬람의 창시자 마호메트가 바로 그들의 후손이라고 하는 사실은 오늘의 중동 사태를 다시 한 번 생각하게 합니다.

어쨌든 불신앙의 쓴 맛은 이것으로 끝나지 않습니다.

소돔과 고모라가 멸망하고 조카 롯의 아내가 소금 기둥이 되어버리는 사건을 거쳐, 그랄 왕 아비멜렉에게 자신의 아내를 누이라 속여 다시 팔아 버리는 우여곡절 끝에 드디어, 아브라함은 백세에 귀한 아들 이삭을 얻습니다.

그런데 이삭이 젖 떼는 것을 기념하여 잔치를 베풀었던 그날에 이스마엘은 동생을 희롱합니다.

이 사건으로 인해 가정불화는 다시 일어나고 아브라함은 깊은 근심에 쌓이게 됩니다. 이 일은 아브라함에게 근심 정도가 아니라 '엄청난 고통'을 주었습니다. The matter gave great pain to Abraham – The Message

이스마엘의 시기와 교만으로부터 비롯된 이 사건은 그가 그의 어머니 하갈과 함께 아브라함의 가문으로부터 완전히 추방되는 것으로 결론을 맺습니다.

인간적인 기준에서는 아브라함과 사라의 조치가 비윤리적이고 비도덕적인 듯하지만, 그 안에는 하나님의 놀라운 언약의 비밀이 숨겨져 있습니다.

바울이 갈라디아 성도들에게 쓴 편지에서 언급한 대로 '육체를 따라 난 자가 성령을 따라 난 자를 핍박하는 것'은 하나님께서 용납하지 않으십니다.

사실적으로 하나님께서는 깊이 갈등하며 아파하고 있는 아브라함에게 사라의 말 대로 하갈을 내보내라고 명하십니다.

동시에 하나님께서는 복의 근원으로, 열국의 아비로, 또한 믿음의 조상으로 부름 받은 아브라함에게 명백한 확신을 거듭 주십니다.

'이삭에게서 나는 자라야 네 씨라 칭할 것임이니라.' 창세기 21장 12절 'Your descendents will come through Issac.'

이어서 하나님의 긍휼과 사랑은 결단코 여종 하갈의 삶마저도 그저 방치 하지 않으셨습니다.

'그러나 여종의 아들도 네 씨니 내가 그로 한 민족을 이루게 하리라 하신지라' 창세기 21장 13절 'Regarding your maid's son, be assured that I'll also develop a great nation from him–he's your son too.'

너무 민감한 해석이 될 수도 있겠지만, 여기서 하나님은, 이삭에 대해서는 '씨' 즉 후손descendents이라는 표현을 쓰셨지만 이스마엘에게는 단순히 여종의 아들son이라는 표현을 쓰신 데 대해 주목할 수 있습니다. The Message

하나님의 신실하신 약속이 거듭 되었음에도 불구하고 믿음을 놓친 아브라함은 근원적 축복을 상실하는 깊은 불신앙에 빠지게 되고, 돕는 배필이어야 할 사라는 조급증에서 오는 염려와 마귀적 체질로부터 오는 자존심 때문에 분쟁을 일으켜서 유대 역사에 영원히 기록될 재앙의 불씨를 만들어냈습니다.

하나님의 자녀는 구원의 축복을 누리는 가운데, 기도응답의 확신을 가지고, 현실을 믿음으로 바라보아야 합니다.

또한 메시아 – 그리스도의 피의 언약을 회복하여 단을 쌓고 여호와의 이름을 부르는 진정한 예배의 회복이 없이는 절대로 삶의 회복은 찾아오지 않습니다.

이 예배의 축복을 놓칠 때 성도의 마음과 생각은 하나님을 떠난 염려로 가득하여 하나님이 가장 좋은 것으로 우리의 소원을 만족케 하실 그 축복의 시간표를 보지 못하고 결정적인 순간에 하나님의 절대주권을 무시합니다.

그 결과는 불평과 불만, 책임 전가와 핑계로 가득한 분쟁을 일으키고 자신의 의지와 상관없이 안고 가야할 가문의 저주를 가져옵니다.

이것이 바로 창세기 3장에 기록된 인간의 근본적인 문제요, 원죄의 문제며 운명의 문제입니다.

이것으로부터 해방 받을 수 있는 유일한 길은, 바로 창세기 3장 15절 – 여인의 후손으로 – 믿음의 조상 아브라함을 통해서 다윗에 이르러 동정녀 마리아의 몸을 빌려 이 땅에 오시어 죽음을 이기고 부활하셔서 성령으로 지금 우리와 함께 하시는 예수 그리스도를 구원자로 믿고 영접하는 것입니다.

하나님의 사랑과 능력, 그리고 그분의 원대하신 계획을 의심하고 염려할 때 사단은 우리의 마음과 생각을 훔치고 도둑질합니다.

그래서 예수님은 말씀하십니다.

'아무 것도 염려하지 말고 오직 모든 일에 기도와 간구로 너희 구할 것을 감사함으로 하나님께 아뢰라. 그리하면 모든 지각에 뛰어난 하나님의 평강이 그리스도 예수 안에서 너희 마음과 생각을 지키시리라.' 빌립보서 4장 6~7절

'너희 염려를 주께 맡겨 버리라 이는 저가 너희를 권고하심이니라, 근신하라 깨어라 너희 대적 마귀가 우는 사자같이 두루 다니며 삼킬 자를 찾나니 너희는 믿음을 굳게 하여 저를 대적하라. 이는 세상에 있는 너희 형제들도 동일한 고난을 당하는 줄을 앎이니라.' 베드로전서 5장 7~9절

오만 번의 기도응답을 받았다는 '죠지 뮬러'가 한 말입니다.
'의심의 시작은 믿음의 끝이요, 믿음의 시작은 의심의 끝입니다.'

Genesis

사라의 웃음, 그리고 그녀의 노래

Gospel from The beginning

사라의 웃음, 그리고
그녀의 노래

환경과 현실 앞에서 불가능하다고 하는 것은 우리의 수준에서 너무나 당연한 것일 뿐 아니라 합리적이고 논리적일 수 있습니다. 그러나 전지전능하시며 신묘막측 하신 하나님은 지극히 과학적이시면서 과학을 능가하시는 분이시고, 지극히 신비적인 것처럼 보이지만, 신비 그 자체이신 분이십니다.

하나님의 약속은 영원불변합니다.

상황에 따라 바뀌거나 더하거나 빼는 법이 없습니다.

더구나 시간이 흘렀다고 해서 시대에 맞춰 적절히 타협하는 법도 없습니다.

하나님의 시간 개념은 우리의 개념과 달라서, 천 년이 하루 같고 하루가 천 년 같은, 영원부터 영원까지이기 때문입니다.

우리 안에서 착한 일, 즉 위대한 일great work을 시작하신 하나님께서 또한 예수 그리스도의 날에 이루시리라고 성경은 말하고 있습니다.

'God who started this great work in you would keep at it and bring it to a flourishing finish on the very day Christ Jesus appears' philippians 1:6

이렇게 생각하면, 기도하고 나서 조급해 하는 것은 우리의 시간표에 우리의 생각을 맞췄기 때문입니다.

생각하건대, 우리를 향한 하나님의 시간표는, 하나님의 자녀인 우리들에게, 가장 좋은 것을 가장 좋은 때 주시는 것, 그 이상도 그 이하도 아닐 것이라고 생각합니다.

그래서 다윗은 환란 중에도 이렇게 노래했습니다.

'내 영혼아 여호와를 송축하라 내 속에 있는 것들아 다 그 성호를 송축하라 내 영혼아 여호와를 송축하며 그 모든 은택을 잊지 말지어다……, 좋은 것으로 네 소원을 만족케 하사 네 청춘으로 독수리 같이 새롭게 하시는도다.' 시편 103편 1,2 5

기다림에 지쳐 하나님의 시간표를 기다리지 못하고 자신의 기준에 따라 불신앙의 열매로 이스마엘을 낳은 지 13년, 갈대아 우르를 떠난 지 24년 동안, 여전히 침묵하시던 하나님께서 마침내 아브라함과 사라 앞에 나타나십니다.

기나긴 기다림의 시간이라는 생각이듭니다.

하지만 신실하신 하나님의 약속은 여전히 진행되고 있었던 것입니다.

나이 들어 노쇠한 구 십 구세의 아브라함과, 이제는 경수가 끊어져 아이를 도저히 낳을 수 없는 사라에게 하나님께서는, 참으로 비현실적이고도 비과학적인, 너무나 황당한 선포를 다시 확인 하시는 것입니다.

'나는 전능한 하나님이니, 너는 완벽하게 오직 내 앞에서 살아라! live entirely before me, live to the hilt! 내가 우리 사이에 언약을 세워 너를 창대하게 하겠다.' 창세기 17장 1~2절 이 약속 앞에서 오직 하나님이 원하시는 것은 '사람 앞이 아닌, 하나님 앞에서 완벽하게 살라'는 것이었습니다.

이는 율법적 요구가 아닌 복음적 요구였습니다. 하나님 앞에서 완벽하게 살라는 것은, 종교적 행위를 강조하는 것이 아닙니다.

현대적 표현으로 하자면 단순히 교회 잘 나가서, 목사님 말씀에 순종하고 헌금 잘 내고, 헌신, 봉사 구제, 잘 하면 복 주겠다는 것이 아니라, 목회자 개인의 요구나 부흥의 동기, 교권의 규례에 길들여 지지 말고, 하나님 중심으로 생각하고, 하나님 말씀에 의지하여 행동하며, 하나님의 절대 주권과 성령의 충만함, 내주 인도 역사 속에서 말씀 따라 가는 믿음 안에서 살라는 것입니다.

이 믿음을 상실할 때, 우리는 조급해져서 하나님의 인도를 앞서 가기도하고, 하나님의 절대주권을 인정하지 않는 가운데, 자신의 의와 고집으로 열심히 몸부림치다가 그만, 실패 앞에서 심하게 좌절하거나 성공 앞에서 교만해지기 쉽습니다.

오랜 기다림 끝에 온 하나님의 응답 앞에서 사라도 웃고 아브라함도 웃습니다.

'아브라함이 엎느리어 웃으며 심중에 이르되 백 세 된 사람이 어찌 자식을 낳을까, 사라는 구십 세니 어찌 생산하리요 하고,' 창세기 17장 17절

'아브라함과 사라가 나이 많아 늙었고 사라의 경수는 끊어졌느니라 사라가 속으로 웃고 이르되 내가 노쇠하였고 내 주인도 늙었으니 내게 어찌 낙이 있으리요' 창세기 18장 11~ 12절

이 때, 하나님께서 말씀하십니다.

'여호와께서 능치 못 할 일이 있겠느냐……, 사라에게 아들이 있으리라.' 창세기 18장 14절

환경과 현실 앞에서 불가능하다고 하는 것은 우리의 수준에서 너무나 당연한 것일 뿐 아니라 합리적이고 논리적일 수 있습니다.

그러나 전지전능하시며 신묘막측 하신 하나님은 지극히 과학적이시면서 과학을 능가하시는 분이시고, 지극히 신비적인 것처럼 보이지만, 신비 그 자체이신 분이십니다.

하나님을 믿지 못하여 웃었던 사라, 그녀가 말년에 이렇게 노래합니다.

유브라데의 작은 강줄기가 모여드는 갈대아의 우르는,
넘치는 강물 만큼이나 사람들의 욕정이
도시 곳곳에 가득히 흘렀습니다.
바벨탑을 방불케 하는 거대한 신전에서는 이방신을 향한 음침한
주문이 끊이지 않았고, 풍요 속에 숨겨진 우상의 어둠이 온 땅을
내리 눌렀던 그 곳을,
내 남편 아브람과 홀연히 떠날 수 있었던
것은, 하늘 위의 영롱한 별무리들이 금방이라도 온 땅에 쏟아져
내릴 것 같았던 어느 날 밤, 알 수 없는 그 분의 부르심
때문이었습니다.

미지의 땅, 가나안 헤브론에 이르기까지 기나긴 여정 속에서의
나의 삶은, 빛 뒤에 어두운 그림자가 따르듯이 꼭 행복한 것만은
아니었습니다.

가나안에 기근이 들어 애굽에 내려간 그 때,
왕의 위엄 앞에서 두려움에 떨고 있는 남편을 뒤로 한 채,
바로의 궁전에 불려갔던 그 밤의 수치심이나,

아비멜렉의 침실에서, 또 다시 재연되는
상처의 모멸감으로 지새워야 했던 그 밤의 고통은, 수태하지
못하는 한 여인으로서의 상실감에 비하면 아무것도 아니었습니다.
차라리 썩어질 육신 덩어리의 아리따움에 대한 집착을
벗어버리게 되었고,
알 수 없었던 그분……, 천지의 주인이시라는
그분의 숨결이 조금은 가까이 느껴져 오기도 했으니까요.

창대한 민족의 어미가 되리라는 약속의 날은 덧없이 흘러가고
경수가 끊어진 나의 몸은 차돌처럼 굳어져 가는 데, 언약 주신
그분은 침묵하셨습니다.

봄날의 가지마다 물 차 오르듯이 나의 여종 하갈의 싱싱한 체취가
날로 그 향내를 더 할 때,
나의 남편은 그녀의 태에서 아들을 생산했습니다.

기쁨 뒤에 감추어진 나의 그 헛헛한 마음을 어찌 말로 표현할 수
있겠습니까 ……, 받아들여야 하는 현실은 더욱 냉혹해져서
아기에게 젖을 물릴 때마다 방자해지는 여종의 태도는,
어둠이 내려앉은 장막 한 구석으로 나를 밀어내어
미움과 질투와 울부짖음으로 나의 가슴을 후벼냈습니다.

나의 부르짖음이 마므레 상수리나무 숲에 메아리 칠 때
그분은 나에게 다가와 말씀하셨습니다.
'여호와께서 능치 못할 일이 있겠느냐.'

생명을 주시는 이, 그분을 만난 후

나의 아들 이삭이 이 땅에 태어나던 그 날은

온 천지가 향기로웠고 나의 쓴웃음은 비로소 변하여

회한으로 몸부림치던 나의 마음을 환하게 밝혀놓았습니다.

닫혀진 나의 태문을 여신 그분의 은혜와 사랑이 믿어지고, 미쁘신

그 분의 호흡이 내 안에서 감미롭게 힘을 불어넣을 때,

겸하여 들려 온 그 분의 음성……

내 사랑하는 독자

아브라함의 언약을 계승할, 나의 생명과도 같은

분신을 모리아 산의 희생 제물로 드리라 하는 ……

그분의 단호한 음성 앞에서도 나는 오히려 의연하였습니다.

생명을 주신 이, 생명을 거두시며, 약속을 주신 이

신실하심을 믿었기 때문입니다.

고독하게 사흘 길을 걸을 나의 사랑하는 남편

그를 위해서 오직 기도할 뿐이었습니다

여호와 이레의 땅, 그분이 준비하신 그 땅에서 일어난

부활의 기억은 잊을 수 없습니다.

포도 향기 그윽한 헤브론에서

나의 영혼을 그분께 맡길 그 날까지…….

- 아나마르테토스 간음한 여인의 침묵 中에서 - 초경 김유순 지음

복음의 불꽃이 사라진 땅에 재앙의 불이 내리다

-소돔과 고모라-

Gospel from The beginning

복음의 불꽃이 사라진 땅에 재앙의 불이 내리다
-소돔과 고모라-

복음의 불꽃이 활활 타오르는 그 곳엔, 하나님의 중대한 계획을 알고 있는 백성들이 살게 됩니다. 개인의 존재 이유는, 하나님과 함께 하는 비밀인 임마누엘의 축복을 누리는 것이며, 더불어 후대들에게, 하나님의 영원한 약속으로 이 땅에 오신 예수 그리스도의 비밀을 계승시키고, 민족과 열방에 자신이 받은 축복을 증거하고 전하는 데 있습니다.

복음의 불꽃이 사라진 땅에 재앙의 불이 내리다
-소돔과 고모라-

Gospel from The beginning

본토 친척 아비 집을 떠나 가나안으로 가라는 하나님의 명령을 받은 아브라함은 '그래도 그렇지' 하는, 허전한 마음에 조카 롯을 데리고 길을 떠납니다.

그런데 이 작은 불순종이 늘 화근이 되어 아브라함을 괴롭힙니다. 아브라함은, 그돌라오멜과 동맹한 왕들 손에 롯이 잡혀가는 바람에, 구출 작전에 나서는가하면, 롯의 양을 치는 목자와 자신의 양을 치는 목자들과 싸움이 붙어 중재에 나서야만 하기도 했습니다.

이 때, 드넓은 땅을 바라보며 아브라함이 조카 롯에게 선택의 우선권을 그에게 주었고, 그 때 롯이 차지한 땅이 바로 요단의 저지대, 물이 찰랑찰랑 넘치는 비옥한 땅 소돔과 고모라, 그 옆의 소알 까지였습니다.

롯이라는 이름의 의미가 '가리웠다' 이듯이 도대체 영적인 눈이 어두웠던 그는, 그저 눈에 보기에 '여호와의 동산 같고, 애굽 땅 같지만' 창세기 13장 10절 하나님의 말씀을 떠나 타락의 극치를 달리는 그 곳에서 부대끼며 살아야 했습니다.

그의 행사가 다 이러하니, 아브라함의 진실한 중보기도에 힘입어 유황불의 심판을 겨우 면하고 도망쳐 나왔지만 결국은, 술에 취한 상태에서 두 딸과 동침하여 두 아들을 얻게 되었고, 그들이 바로, 지금까지 이스라엘에 적의를 품어 온 모압과 암몬 자손의 조상이 되었습니다.

롯이 살고 있던 땅, 소돔과 고모라의 멸망이 주는 교훈은, 복음의 불이 꺼져 버린 땅에는 반드시 재앙의 유황불이 덮친다는 것입니다.

복음의 불꽃이 활활 타오르는 그 곳엔, 하나님의 중대한 계획을 알고 있는 백성들이 살게 됩니다.

개인의 존재 이유는, 하나님과 함께 하는 비밀인 임마누엘의 축복을 누리는 것이며, 더불어 후대들에게, 하나님의 영원한 약속으로 이 땅에 오신 예수 그리스도의 비밀을 계승시키고, 민족과 열방에 자신이 받은 축복을 증거하고 전하는 데 있습니다.

이것이 바로 우리에게 임한 전도와 선교의 사명임을 알고 있는 우리들의 땅엔 하나님의 심판과 재앙을 피해갈 수 있는 길이 준비되어 있습니다.

이 중대한 계획을 개인이 놓치면 운명적 시간표에 따라 정신적 문제와 육신적 문제 속에서 갈등과 방황을 거듭하거나, 깊은 공허와 어둠과 캄캄함이 몰려와 상처와 분쟁으로 가득한 인생을 살게 됩니다.

민족과 세계를 바라보고 품기는커녕, 그저 개인의 문제에 묶여 집착하고 몸부림치고 발버둥 치다가 롯의 아내처럼 결정적인 순간에 소금기둥이 되어버리는 것입니다.

롯과 그의 아내는, 아브라함의 삶을 통해서 하나님의 역사를 보아왔음에도 불구하고 자신의 딸들과 사위에게 이 사실을 전달하지 못했습니다.

그들은, 멸망의 길에서 자신들을 구원하고자 온 하나님의 천사들을 타락한 소돔 사람들이 능욕하려들자 너무 쉽게 딸 둘을 내어 주려합니다.

'그들의 눕기 전에 그 성 사람 곧 소돔 백성들이 소도미-sodomy-동성연애자들을 뜻하는 말 무론 노소하고 사방에서 다 모여 그 집을 에워싸고 롯을 부르고 그에게 이르되 이 저녁에 네게 온 사람이 어디 있느냐 이끌어 내라 우리가 그들을 상관하리라.' 창세기 19장 4~5절

'상관할 터이니 데려오라'는 말은 'Bring them out so we can have our sport with them.' The message 성적으로 그들을 희롱하며 취하겠다는 뜻입니다.

이들이야말로 바로 바울이 경고한 영적인 이방인들이었습니다.

'하나님을 알되 하나님으로 영화롭게도 아니하며 감사치도 아니하고 오히려 그 생각이 허망하여지며 미련한 마음이 어두워진' 롯은, 스스로 지혜 있다 하나 우준하게 되어, '저희를 마음의 정욕대로 더러움에 내버려 두어 저희 몸을 서로 욕되게 하고 순리대로 여인 쓰기를 버리고 서로를 향하여 음욕이 불 일듯 하여 남자가 남자로 더불어 부끄러운 일을 행할 뿐 아니라, 마음에 하나님 두기를 싫어하여 합당치 못한 일을 행하고 모든 불의와 추악 탐욕 시기 살인 분쟁 사기 악독이 가득한 소돔 사람들에게 딸들을 내어 주려 한 것입니다. 로마서 1장 21절, 로마서 1장 24절, 로마서 1장 27절

다시 말해서 하나님께 간구하여 보호하기 보다는, 인본주의적 발상이 앞서 제 정신으로는 도저히 할 수 없는 일을 너무 쉽게

저지르는 것을 보면, 그가 얼마나 후대에게 언약을 전달하는 데 있어 소홀했는지 익히 알 수 있습니다.

더욱이 가관인 것은, 절박한 위기 상황에서 생명을 구하기 위해 소돔 성을 떠나라는 롯의 말을 사위들은 농담으로 여겼다고 성경은 말합니다.

'롯이 나가서 그 딸들과 정혼한 사위들에게 고하여 이르되 여호와께서 이 성을 멸하실 터이니 너희는 일어나 이곳에서 떠나라 하되 그 사위들이 농담으로 여기더라.' 창세기 19장 14절

'농담으로 여겼다'함은 히브리어로는 '차하크'로서 단순한 조크joke가 아닌 불신에서 나오는 비웃음, 조롱을 의미하는 것입니다.

하나님을 알되 하나님을 영화롭게도 아니하고 감사치도 아니한 채, 자기본위의 극치를 달리며, 자신의 눈에 보이는 기준대로 유익을 구하며 살아온 그의 인생 말로가 참 비극적인 순간입니다.

어찌됐든 유황불이 타오르고 지진이 일어나는 그 땅을 서둘러 재빨리 떠나고 볼 일이지만 롯, 그 자신도 밍기적 거리기는 마찬가지입니다.

동틀 때에 천사가 와서 어서 아내와 두 딸을 데리고 탈출하라고 롯을 재촉하여 말합니다. 그러나 롯은 무엇이 그리 미련이 많았던지 다리를 질질 끌며 지체하므로 천사들이 그들의 손을 꼭 잡아 움켜쥐고 끌어 당겨야 했습니다. 이를 보신 하나님의 마음이 참으로 한심하다 못해 불쌍히 여기는 마음으로 가득했다고 성경은 적고 있습니다.

'Lot was dragging his feet. The men grabbed Lot's arm, and

the arms of his wife and daughters – God was so merciful to them!'

천사들의 도움으로 저주의 땅을 빠져 나온 롯은, 그 후에도 산을 넘어 멀리 도망가라는 천사의 말에 끝없이 쟁쟁거립니다.

'내 생명을 구한 것은 감사하지만 저 산을 넘을 수 없습니다. 그 산에서 무슨 끔찍한 일이 일어나 죽을지도 모르잖아요.' 'I can't run for the mountains – who knows what terrible thing might happen to me in the mountains and leave me for dead.' The Message

이쯤 되면 믿음이 가끔 오락가락 하는 우리 수준에서 봐도 짜증 날 지경입니다.

게다가 절대 뒤돌아보지 말라는 천사들의 경고를 무시한 롯의 아내는 그 자리에서 소금기둥이 되어 버립니다.

유황과 불이 비같이 내리는 그 땅에 남겨 둔 세상의 재물이 아쉬웠던지, 고개를 돌리는 그 순간 하나님의 심판이 머무르고 만 것입니다.

여기서 돌아본다함은, 그저 호기심에서 바라보는 정도가 아닌, 나바트 – 즉 재물에 대한 욕심으로 골똘히 바라보다라는 뜻입니다.

과거에 대한 집착은 하나님의 영원한 약속을 상실한 데서부터 비롯됩니다.

창밖의 남자, 아브라함 –
그러나, 그는 선지자

Gospel from The beginning

창밖의 남자, 아브라함 -
그러나, 그는 선지자

하나님의 관심은 우리가 가진 도덕적 신념에 있는 것이 아니라 언약에 있습니다. 그 언약은 바로 하나님의 약속 – 여인의 후손 예수 그리스도, 메시아를 우리에게 보내시어 창세기 3장에서 비롯된, 하나님을 떠난 문제, 마귀의 통제아래, 죄에 묶여 살 수 밖에 없는 우리 인생의 근본문제를 해결하시겠다는 것입니다. 창세기 3장 15절, 이 언약 안에 있으면 실수는 할 수 있어도 실패하지 않습니다.

창밖의 남자, 아브라함 - 그러나, 그는 선지자

Gospel from The beginning

그랄 땅의 밤이 깊어질수록, 아비멜렉의 궁전 저 편에서 불어오는 바닷바람은 더욱 스산하기만 한 데, 날아갈 듯 여울진 베일 뒤로 묵묵히 얼굴을 숙인 아내, 사라의 라드 향기가 아직도 생생히 남아, 가슴을 후비듯 아브라함의 마음을 목매게 합니다.

왕과 아내가 있는 침실 창밖으로는 사그러져가는 불빛이 점점 어둠 속으로 잦아들어가고……, 회한과 질투와 불안의 화신이 되어 아브라함은 바람을 맞으며 서 있습니다.

이 신파극 같은 이야기는 - 하나님을 믿기는 하지만 겁 많은 체질이 쉽사리 바뀌지 않은 탓에, 나이 들어도 여전히 아름다운 아내를 연모하는 왕들로 인해 행여 목숨이 날아가지 않을까 전전긍긍하던 아브라함이, 아내, 사라를 자신의 이복동생이라고 속이는 구차한 거짓말을 그랄 왕에게 한 뒤, 침실로 이끌려간 아내 생각에 잠 못 이루고 있는 대목입니다.

그런데 속수무책으로 집에 돌아온 아브라함이 이리뒤척 저리뒤척 하고 있을 그 때에도, 좋으신 하나님은 아브라함의 편에서 확실하게 일하고 계셨습니다.

아비멜렉의 꿈에 나타나신 하나님께서는 되레 그를 엄하게 꾸짖으실 뿐 아니라, 왕으로 하여금 깊은 잠에 빠지게 하여 사라의 몸에 손도 못 대도록 방어벽(?)을 치셨습니다.

'너는 남편이 있는 여자를 데려 왔으니 죽어 마땅하도다.' 'You are as good as dead -that woman that you took, she's a married woman.' Gen 20:3 The Massage

잠자리는커녕, 아직 사라에게 손도 대지 못한 데다, 이복동생이라는 거짓말이 사실이라고 생각했던 아비멜렉은 억울하기 짝이 없어서 항의합니다.

'아니, 주여, 주께서 의로운 백성도 멸하시나이까?' "Would you kill an innocent man?" Gen 20:5 The Message

이때, 의롭다함은, 하나님의 법으로 의롭다하심을 입은 하나님의 백성이 갖는 '의'righteousness가 아닌, 단순히 '결백함'innocent을 지닌 '이방인'을 의미하는 말임을 주목해야 합니다.

그러자 하나님은 말씀하십니다.

'그래, 나는 네가 깨끗한 마음으로 이렇게 한 줄을 잘 안다. 그래서 너를 막아 너로 범죄 하지 않도록 보호하여 그 여인에게 손대지 못하게 한 것이다. 그러므로 그 여인을 이제 남편에게 돌려 보내거라, 그는 선지자이므로 너를 위하여 기도하리니 네가 살려니와, 네가 돌려보내지 않으면 너와 네게 속한 자가 다 정녕 죽을 줄 알지니라.' 창세기 20장 6~7절

아비멜렉 입장에서 보면 참 황당하게 당하고 있는 것입니다.

그 때나 지금이나 우리들의 질문은 동일합니다.

'아니, 하나님을 믿지 않는 저 사람은 저렇게 깨끗하고 결백

한데 웬 지옥? 하나님 믿는다고 하는 저 사람, 거짓말 장이 아냐? 그런데도 구원 받았다는 거 맞아?'

하나님의 기준과 하나님의 법은 그 정도로 끝나는 것이 아닙니다. 엄밀히 말하면, 약속의 자녀를 향한 하나님의 사랑은 거의 편애 수준이라 할 수 있습니다.

우리의 경험과 지식과 전통과 규례, 율법에서 비롯된 도덕적 기준과 판단 논리는 하나님의 그것과 동이 서에서 먼 것처럼 멀기만 합니다.

하나님은 아브라함을 향하여 '그는 선지자'라고 말합니다.

다시 말해 하나님께서는 아브라함을 일컬어 '하나님의 입'을 대변하는 하나님의 택한 백성임을 명백히 밝혀주신 것입니다.

이 선지자라는 직분은, 하나님이신 그분이 영광 본체를 버리고 그리스도, 즉 기름부음 받은 자로 이 땅에 오시어 하나님 떠난 우리 인생들과 하나님 사이에 화목의 길을 열만큼 중요한 직책입니다. 요한복음 14장 6절

따라서 하나님께서는, 아브라함이 선지자라는 이유, 하나 만으로 그를 극한 상황과 한계 상황에서 구해내실 뿐 아니라, 그의 중보기도 없이는 그 누구도 멸망과 실패에서 벗어 날 수 없음을 밝히고 계십니다.

'아브라함이 하나님께 기도하매 하나님이 아비멜렉과 그 아내와 그의 여종을 치료하사 생산케 하셨으니 여호와께서 이왕에 아브라함의 아내 사라의 연고로 아비멜렉의 집 모든 태를 닫으셨음이라.' 창세기 20장 17~18절

하나님의 자녀라 하여도 우리 역시, 아내를 자신의 유익과 동기에 따라 두 번이나 팔아넘긴 아브라함처럼 때때로 연약할

수 있습니다.

가나안에 기근이 들어 먹고 살 길이 막막했던 아브라함은, 하나님의 뜻과 계획에는 전혀 상관없이 자신의 인본주의적 판단에 의하여 애굽으로 내려가 아내 사라를 바로에게 팔아넘기는 실수를 합니다. 창세기 12장 10~20절

그럼에도 불구하고 하나님은, 아브라함으로 하여금 바로를 통하여 양과 소와 노비와 암수 나귀와 약대를 소유하게 합니다. 창세기 12장 16절

그렇게 까지 하나님의 역사를 체험하고도 육신의 법을 다스리지 못한 아브라함은 똑 같은 실수를 반복합니다.

그러나 우리가 하나님 앞에서 감사할 수밖에 없는 것은, 하나님의 자녀요, 언약의 씨라는 이유 하나 만으로 하나님께서는 우리를 끝 까지 사랑하시고 보호하신다는 사실 때문입니다.

하나님의 약속은 항상 신실하게 지켜집니다.

사라의 태를 통해 반드시 메시아, 그리스도께서 이 땅에 오셔야만 했기에 하나님은 사라를 보호하셨을 뿐 아니라, 아브라함을 열국의 아비로 세우겠다는 약속에 따라, 그의 연약함과 실수에도 불구하고 하나님의 계획은 절대 실패 하지 않는다는 사실을 우리에게 보여 주셨습니다.

하나님의 관심은 우리가 가진 도덕적 신념에 있는 것이 아니라 언약에 있습니다.

그 언약은 바로 하나님의 약속 – 여인의 후손 예수 그리스도, 메시아를 우리에게 보내시어 창세기 3장에서 비롯된, 하나님을 떠난 문제, 마귀의 통제아래, 죄에 묶여 살 수 밖에 없는 우리 인생의 근본문제를 해결하시겠다는 것입니다. 창세기 3장 15절

이 언약 안에 있으면 실수는 할 수 있어도 실패하지 않습니다.

사람은 보통 일 년에 1460번, 그리고 한 평생을 사는 동안 88000번 정도의 거짓말을 선의든 악의든 한다고 합니다.

좀 심하다 싶지만 자신을 속이는 거짓말도 거짓말이라고 생각하면 타당성이 있다 할 수 있습니다.

그런데 사실 가장 위험한 거짓말은 자신의 내면에서 일어나는 거짓말입니다.

자신의 유익과 욕심, 정욕과 야망에 따라 자신을 합리화 시키는 거짓말 장이 마귀의 체질 요한복음 8장 44절 은 누구에게나 있습니다.

이 땅에 의인은 없나니 하나도 없고 심지어 사도 바울도 예외가 아니기 때문입니다.

그러나 평생을 언약 안에서 전도와 선교에 생명을 불사른 사도 바울의 진실한 고백이 있기에 우리는 하나님의 자녀된 신분과 권세를 당당히 누리며 은혜 가운데 감사함으로 살 수 있는 것입니다.

'내 지체 속에서 한 다른 법이 내 마음의 법과 싸워 내 지체 속에 있는 죄의 법 아래로 나를 사로잡아 오는 것을 보는도다, 오호라 나는 곤고한 사람이로다 이 사망의 몸에서 누가 나를 건져내랴 우리 주 예수 그리스도로 말미암아 하나님께 감사하리로다……,

그러므로 그리스도 예수 안에 있는 자에게는 결코 정죄함이 없나니 이는 그리스도 예수 안에 있는 생명의 성령의 법이 죄와 사망의 법에서 너를 해방하였음이라.' 로마서 7장 23절, 로마서 8장 2절

더욱이 그는 우리의 갈등이 혈과 육에서 오는 것이 아닌, 하늘의 악한 영들과의 싸움인 것을 알고 치열한 영적 전투 속에서 살았습니다. 에베소서 6장 10~17절

유랑의 뜰을 헤매는 기구한 운명의 여인 - 하갈

Gospel from The beginning

유랑의 뜰을 헤매는 기구한 운명의 여인 - 하갈

신실하신 하나님은 인정이나 행위에 매이지 않고 오직 스스로 계획하신 약속에 따라 행하십니다.

유랑의 뜰을 헤매는 기구한 운명의 여인 - 하갈

Gospel from The beginning

크게 잘못한 게 없어 보이는 데도 불구하고, '하갈'이라는 이름이 갖는 그 의미 그대로, 한 인생을 유리하고 방황하며 '방랑자'로 살아가는 한 애굽 여인의 가여운 삶을, 성경은 놀랍도록 침착하고 담담하게 이야기하고 있습니다.

하나님의 원대한 약속, 그 축복의 언약을 망각한 채, 현실 앞에 놓여진 의식주 문제를 해결하기 위해서 이방의 땅, 애굽에 내려갔던 아브라함은 여종 하나를 데려옵니다.

불신앙과 우상의 땅에서 데려온 이 애굽 여인 하갈은, 결국 아브라함 개인과 그의 아내 사라는 물론, 그의 가문과 이스라엘 역사 전체를 깊은 고통으로 몰고 가는 불신앙의 씨, 이스마엘을 낳습니다.

한 남자와 두 여자가 얽힌 이 일련의 과정 속에서, 힘없는 이 여인의 삶은, 순전히 타의에 의해 주어지는 불공평한 처우에 따라 자신의 의지와 전혀 상관없는 운명으로 내몰리는 듯 보입니다.

애굽 왕의 명령에 따라 정든 고향을 등지고 아브라함 일가를 따라 나섰던 그녀는 계집종이라는 비천한 신분으로 낯선 문화에 적응해 살아가야만 했습니다.

그런데 힘겨운 종살이 가운데 절대 복종 만이 미덕인 그녀에게 안주인 사라는 받아들일 수밖에 없는 것을 명령합니다.

그것은 평소에 감히 넘볼 수 없는 주인의 침실에 들어가는 것이었습니다.

다시 말해서 자신의 욕망을 채우기 위해 계획된 불륜이 아니라, 순전히 대를 잇기 위한 안주인의 욕심과 동기에서 비롯된 사건이라는 것이지요.

이 일로 인해, 종의 신분으로 굴욕적인 복종 아래 살아야했던 이 여인은 낯선 땅에서 자신의 입지를 굳힐 최고의 기회를 만나는 듯 보입니다.

재산이 풍성한 갑부, 주변의 왕 아비멜렉이 스스로 화친 조약을 맺자고 제의할 만큼 권세 등등한 아브라함, 신앙심 깊고 인정 많은 주인의 씨를 잉태한 이 여인이 잠시 교만해졌다고 해서 특별히 엄벌에 처할 일도 아닙니다.

경수가 끊어져 소망 없어 보이는 안주인 사라를 대신하여 대를 이어갈 후대를 생산하게 되었으니 젊은 여인의 패기로 기세등등 해질 수 있는 것은 인지상정입니다.

그러나 이 여인은 잠시 뽐 낼 기회도 얻지 못하고 안주인 사라의 모진 학대를 못 이겨 광야로 도망갑니다.

밤이면 뼈 속 까지 에이는 추위 속에 들짐승의 먹이가 될 지도 모르는 깊고 깊은 두려움, 낮이면 내장 까지 타들어 가는 목마름 속에서 깊은 절망과 고독 속에 헤매면서도, 뱃속에서 간간이 느껴지는 아기의 태동은 어쩌면 본능적인 모성으로 하나님을 찾게 했을 것입니다.

이때, 하나님은 이 여인을 찾아오셔서 그녀의 고통을 들었다고 말씀하십니다.

그녀의 마른 목을 시원하게 해준 그 샘의 이름은 '브엘라해로이'입니다.

이는 '나를 감찰하시는 생존자의 우물'이라는 뜻입니다.

하나님이라는 존재를 알 수도 없고 믿을 수도 없었던 우상의 땅 애굽에서 운명적으로 태어난 이 여인은 극적으로 살아계신 하나님을 만나게 됩니다.

그녀가 다시 주인의 집으로 돌아가 낳은 아들, 이스마엘의 이름이 '하나님은 들으신다'라는 뜻인 것만 보아도 그 순간 하갈의 마음속에 하나님에 대한 깊은 신뢰가 충격으로 다가온 것만은 사실입니다.

이후로 별 탈 없이 그럭저럭 십여 년 세월이 지나나 했더니 안주인 사라의 몸에서 아들이 태어납니다.

축복 속에서 태어난 주인 아브라함의 아들 이삭은 이름 그대로 모든 사람에게 '웃음'을 주는 행복하고 기쁜 소식이 되었습니다.

때로는 이기적이고 때로는 냉정하기 짝이 없는 안주인 사라에 대한 하나님의 사랑은 여종 하갈의 운명에 비하면 거의 절대적으로 보입니다.

이삭의 출생은 하나님의 말씀 하신 바 '기한에 미쳐' 창세기 21장 2절 하나님께서 사라를 권고하셨다고 성경은 말하고 있습니다.

이때 '권고하셨다'함은 헬라어로 '에피스켑사토'인데 '사랑으로 기억하셨다'라는 뜻이라고 합니다. 바울 성경 연구 시리즈 중에서

자신이 택한 백성을 향한 하나님의 지속적인 사랑과 관심은, 사라의 성질이 좀 고약하거나 이기적이라고 해서 또는 행동이 좀 못됐다고 해서 거두어지거나 변질 되는 것이 아닙니다.

'하나님의 말씀하신 바 그 기한에 미쳤다'하는 것은 바로 하나님이 계획하셨던 바로 그 시간표가 사라에게 임했다는 것을 의미합니다. At the very time God had set - The Message

신실하신 하나님은 인정이나 행위에 매이지 않고 오직 스스로 계획하신 약속에 따라 행하십니다.

청소년의 시기를 지나 청년의 시기로 접어든 하갈의 아들 이스마엘은 이제 막 젖을 뗀 이복동생 이삭을 곱지 않은 시선으로 바라본 듯합니다.

물론 자신의 어린 시절 기억과는 달리 온 가문을 웃음으로 가득하게 만드는 동생의 재롱을 시기할 수도 있습니다.

그런데 이스마엘의 행동은 단순한 희롱이 아닌 핍박이었습니다. 아무 것도 모르는 어린 동생을, 그것도 하나님의 전폭적인 지지와 원대한 계획 속에서 일 년 지은 농사로 백 년의 수확을 거둘 만큼, 백 년의 축복을 보장 받았을 뿐 아니라, 척박한 팔레스타인 광야에서도 가는 곳마다 샘물이 솟아나는 '샘의 근원'을 누리는 축복의 사람으로 약속 받은 동생 이삭, 이미 자신 보다 더 어린 열 두 살의 나이에 피의 언약, 다시 말해, 십자가에서의 피 뿌림을 통해 전 인류의 구원자로 오실 메시아, 예수 그리스도, 그 보혈의 의미를 깨달아 하나님의 마음을 시원케 할 약속의 아들, 그 이삭을 날카로운 것으로 콕콕 찌르며poking 생명에 위

협을 가했으니 하나님께서 가만히 놓아두실 리 없습니다. 창세기 22장, 창세기 21장 9절

이미 뱃속에서부터, 모태로부터 들려오는 원망과 분노, 광야에서의 절망 섞인 한숨 소리만을 듣고 태어난 이스마엘의 기질은 이미 꼬이고 삐뚤어져 있어, 마침내 험악한 바란 광야에서 들나귀처럼 날뛰며 활잡이가 되어야 했던 운명대로 그는 다시 모친 하갈과 함께 광야로 쫓겨나고 말았습니다. 창세기 16장 12절

하갈의 입장에서 보면 황당하기 그지없는 아브라함의 조치입니다. 자식이라는게 어미의 입장에서 꼭 바라는 대로 커주는 것도 아닙니다.

가르치는 대로 듣기에는 너무 커 버린 열 일 곱 살 아들의 무모한 행동 때문에 다시 한 번 광야를 헤매야 하는 인생의 억울함, 이것은 과연 하나님을 원망할 만한 한 여인의 숙명처럼 보입니다.

그러나 성경은 밝히 말합니다.

구원은 행위에서 오는 것이 아닌 하나님의 은혜의 선물임을 거듭 밝히는 가운데, 인본주의와 불신앙의 결과로 온 이스마엘이 초래하는 고통의 삶이 무엇이며, 하나님의 절대적 구원 계획 속에서 약속의 가문으로 선택 받은 아브라함의 혈통이 누리는 축복이 무엇인지 강력하게 대비시키고 있는 것입니다.

메마른 광야를 헤매는 기구한 운명의 여인 하갈의 삶 앞에서 공평하신 하나님이 그럴 수 있느냐고 항변하는 오늘 날의 우리를 위해 성경은 담담히 하갈의 숨겨진 내면을 이렇게 단 한 줄로 설명합니다.

'그가 이스마엘이 바란 광야에 거할 때에 그 어미가 그를 위하여 애굽 땅 여인을 취하여 아내를 삼게 하였더라' 창세기 21장 21절

위기 가운데 두 번이나 건져주신 하나님의 배려에 대한 감격은 까마득히 잊어버린 채, 바란 광야에서 야생마처럼 뛰어 다니는 아들을 위해, 하나님을 거부하는 이방의 땅에 까지 굳이 가서 애굽 여인을 며느리로 데려 온 하갈, 얄밉게 고집스런 그녀의 영혼 속에 자리 잡은 '이 세상 신' – 믿지 않는 자의 마음을 혼미케 하여 그리스도의 광채 앞에 나아가지 못하게 하는 – 고린도후서 4장 4절 어둠의 세력 마귀가 똬리를 틀고 앉아 있는 것 같아 흠칫 놀라게 합니다.

'예쓰, 이삭,
네가 너무너무 사랑하는
너의 외아들'

Gospel from The beginning

'예쓰, 이삭,
네가 너무너무 사랑하는
너의 외아들'

가장 소중한 것을 갈등 없이 드리는 아브라함의 거룩한 예배 의식은 조용히 그리고 완벽하게 진행됩니다. 저항하지 않는 아들을 끈으로 묶은 뒤, 쌓아놓은 나뭇단 위에 올려놓았습니다. 칼을 들어 아들을 향해 내리치려는 순간, 놀란 것은, 이삭도 아브라함도 아닌, 바로 주의 천사였습니다!

'예쓰, 이삭, 네가 너무너무 사랑하는 너의 외아들'

Gospel from The beginning

아아! 모리아……

아론의 마른 지팡이에서 새싹이 피어나듯, 경수가 끊어진 사라의 몸에서 눈에 넣어도 아프지 않을 아들, 이삭을 백세에 얻고, 아비멜렉과 평화 조약을 맺은 후 전쟁이 없는 평온함 속에서 십여 년을 살아 온 아브라함……,

척박한 땅에서 솟아나는 일 곱 우물의 생수가 넘치고, 에셀나무에서 흩날리는 분홍빛 꽃잎 아래 여호와의 이름을 부르며 한 편의 드라마 같은 자신의 인생길을 평온 가운데 돌아보던 아브라함, 그에게 어느 날 하나님은 찾아 오셔서 요청하십니다.

'너의 아들 있지……, 너의 독자 – 그래, 네가 너무나 사랑하는, 바로 그 아들, 이삭을 데리고 모리아 땅으로 가서 번제물로 나에게 바쳐라.' 'Take your son, your only son – yes, Isaac, whom you love so much......' Gen 22:2 NLT

너무나 천연스러운 하나님의 요구는, 말문을 잃은 채, 속으로만 그저, '아니, 내 아들 이삭 말인가요?'라고 질문했을 그에게

단 한 치의 말미도 주지 않는 정확한 대답으로 돌아왔습니다.

'예쓰, 이삭.'

게다가 그냥 네 아들, 이삭이라고 말씀하신 것이 아니라, 얼마나 아브라함에게 그 아들이 귀중한 존재인지를 상기시키시는 표현을 거듭하면서 말입니다.

이미 아브라함의 씨를 통해 그의 후손을 창대케 하시리라고 약속하신 분도 하나님이시고, 복의 근원으로 그를 불러 이스라엘의 아비로 그를 택하신 분도 하나님이십니다.

더구나 이스마엘을 광야로 내치기까지 이삭의, 후계자로서의 정통성을 확증하신 분도 하나님이신데, 참 어처구니없는 하나님의 요구입니다.

충분히 아브라함은 항변할 수 있었습니다.

'아니, 이삭이 죽으면 하나님의 약속은 어떻게 되라는 것입니까?'

'하나님도 아시잖습니까, 제 아내 사라가 어떻게 얻은 아들인데, 이 사실을 알면 아마 대신 죽여 달라고 할 겁니다.'

'그리고 하나님, 보십시오, 제가 만일, 제 아들을 각을 떠서 불에 태워 당신께 드렸다고 하면 사람들이 저를 미쳤다고 할 겁니다 ……, 아무렴요, 그게 바로 하나님의 영광 가리는 망령된 일이 아니고 무엇이겠습니까 ……'

'아니, 그리고 모리아 까지는 여기서 사흘 길인데, 이 곳 브엘세바도 아니고 굳이 그 먼 곳 까지 가라는 것입니까, 주여……, 어찌 저를 이토록 잔인하게 시험하시는 것입니까……'

그런데 이런 종류의 핑계 – 다시 말해, 하나님이 계획하신 시험 속에 숨어있는 놀라운 축복을 보지 못하도록 귓가에 대고 소곤거리는 마귀의 속삭임은, 하나님의 증거를 잡은 아브라함의 뇌리에 단 일 초도 머무르지 못했습니다. 그는 아내 사라와 상의하거나 토론하거나 이해시키지 아니하고, 울며불며 수선을 떨지도 아니한 채, 아침 일찍 일어나 묵묵히 모리아를 향하여 아들과 함께 길을 떠납니다.

번제로 바쳐질 아들을 위해 칼과 나무와 부싯돌flint도 나귀 등에 실었습니다.

모리아를 향해 가는 사흘 길의 여정 속에서 그는 무엇을 생각했을지……,……

성경은 단 한 줄도 아브라함의 심정을 말해 주지 않습니다.

그러나 우리는 성경의 여백 속에서 그의 견고한 심지를 읽어낼 수 있습니다.

우상과 패악이 넘치던 갈대아 우르에서 자신을 불러내어, 밤하늘의 뭇별을 바라보게 하신 하나님, 그의 인생을 별과 같이 창대케 하리라는 하나님의 약속은 장엄한 기억으로 아브라함의 가슴에 심겨져 있습니다.

두 번 씩이나 아내를 누이라 속여 팔아버린 자신의 비열함을 단 한 번도 나무라지 않으시고, 오히려 대적을 무찌르시던 하나님의 절대적 사랑은, 생각하면 할수록, 새기면 새길수록 커다란 은혜로 다가옵니다.

더구나 스올의 골짜기에 가득하였던 마른 뼈들처럼 생기가 없었던 그의 몸에서, 새로운 생명을 탄생시킨 하나님의 창조는, 무에서 유를 만들어내시는 하나님, 죽음을 능히 이기고 부활하실 메시아, 그리스도의 능력에 대한 강력한 믿음이 그의 온 영혼을 사로잡아 알 수 없는 평안 속으로 인도해갔습니다.

모리아로 가는 사흘 길의 여정은 깊은 고요와 침묵 가운데, 한 치의 오차도 없이 절묘하게 자신의 삶을 이끌어 오시되, 이미 모든 것을 준비하시는 하나님, 여호와 이레의 하나님에 대한 확신으로 가득하였습니다.

밤이면 광야에 닿을 듯 쏟아지는 별빛들 속에서 하나님의 약속을 확인하는 기쁨 때문에 잠 못 이루고 뒤척였습니다.

낮이면 흙먼지를 일으키며 걷던 발걸음을 잠시 멈추고, 말없이 앞서 걷는 아들의 뒷모습을 간절한 기도로 바라봅니다.

아아! 마침내 모리아가 보입니다.

사흘간의 고요를 깨고 아들, 이삭이 아브라함을 부릅니다.

"아버지!"

"그래, 나의 아들아."

"불과 나무는 여기에 있는데 하나님께 번제할 어린 양은 어디에 있습니까?"

"아들아, 번제로 드릴 어린 양은 하나님께서 손수 마련해 주실 것이다."

가장 소중한 것을 갈등 없이 드리는 아브라함의 거룩한 예배 의식은 조용히 그리고 완벽하게 진행됩니다.

저항하지 않는 아들을 끈으로 묶은 뒤, 쌓아놓은 나뭇단 위에 올려놓았습니다.

칼을 들어 아들을 향해 내리치려는 순간, 놀란 것은, 이삭도 아브라함도 아닌, 바로 주의 천사였습니다!

황급히 소리 질러 아브라함을 두 번이나 부릅니다.

"아브라함아, 아브라함아!"At that moment the angel of the Lord shouted to him from heaven Gen 22:11 NLT

아브라함이 가졌던 부활 신앙은 위대한 기적을 낳았습니다.

하나님께서 이삭 대신 예비해둔 덤불 속 숫양은 바로-'인자의 온 것은 섬김을 받으려함이 아니라 도리어 섬기려하고 자기 목숨을 많은 사람의 대속물로 주기 위해' 마가복음 10장 45절 이 땅에 오신 예수 그리스도, 하나님, 영광 본체를 버리고 우리에게 오셔서, 우리의 원죄적 운명과 사망의 저주를 끊기 위해, 십자가에서 피 흘려 죽기까지 우리를 향한 사랑을 보여주신 하나님, 바로 우리의 구세주 이십니다.

하나님을 떠나 불순종 가운데 영원히 멸망 받아야할 우리 인생의 문제는, 어린 양의 피 뿌림 없이는, 다시 말해 십자가의 죽음 없이는 절대로 해결 될 수 없다는 신앙유산을 온 몸으로 체험한 이삭의 생애는 축복 그 자체여서, 일 년 농사로 백년의 수확을 거두었을 뿐 아니라, 메마른 광야에서 샘물을 내는 근원적 축복을 받았습니다.

하나님의 감격은 이렇게 이어집니다.

'내가 맹세하노라……, 내가 너를 축복하리니, 오……, 어떻게 축복하리요, 그래, 하늘의 뭇별처럼 바닷가의 모래알처럼 번성하리라, 너의 후손은 원수의 성을 차지할 것이요, 세상 모든 민족이 너의 자손을 통해 복을 얻으리라, 네가 너의 사랑하는 아들, 너의 독자를 나에게 주어 나의 명령을 준행하였기 때문이로다!' Gen 22:15~18 The Message

'예쓰, 이삭, 네가 너무너무 사랑하는 너의 외아들'

아브라함-
눈물을 닦고 홀연히 일어서다

Gospel from The beginning

아브라함-
눈물을 닦고
홀연히
일어서다

삶이라고 하는 것이 이성적인 사람들에게는 코미디에 지나지 않고, 감성적인 사람들에게는 비극적이라고 말 할 수 있다면, 하나님을 아는 우리에게는 그야말로 '궁극적인 승리의 과정'이라고 말 할 수 있습니다.

아브라함-
눈물을 닦고 홀연히 일어서다

Gospel from The beginning

사랑하는 아내, 사라가 숨을 거두었습니다.

헤브론 저 너머 골짜기에서 올리브향기 담은 부드러운 바람결이 불어와, 아브라함의 품에 안긴 사라의 베일을 가볍게 흔들며 지나갈 때 마다, 단단히 감겨진 그녀의 속눈썹 사이로, 금방이라도 눈을 뜨고 말을 걸어 올 것처럼 미소가 흐릅니다.

아브라함은 가슴이 미어져 애통하며 울었습니다.

반드시 찾아 올 한 번의 죽음, 그 죽음 이후에 준비된 하나님의 나라가 얼마나 아름답고 영광스러운지, 익히 알고 있다하여도, 얼마나 남아 있을지 모를, 자신 앞에 펼쳐진 또 하나의 인생길 속에서, 사라 없이 홀로 가야한다는 사실이 목매이기도 하지만……, 변화무쌍하여 도무지 어디로 튈지 모르는 자신의 인생여정 가운데 불평 없이 따라와 준 그녀의 순종이 더욱 마음 아픈 기억들로 선명히 남아, 주마등처럼 가슴을 후비고 지나갑니다.

고향을 떠나 갈 바를 알지 못하고 미지의 땅을 찾아 길을 나설 때에도, 단 한 번도, 어디로 가느냐고, 어떻게 살 거냐고 묻지 않았던 그녀였습니다.

이방 땅, 서슬이 퍼런 왕들의 권력 앞에서 행여 죽임을 당할까 겁에 질려서, 자신을 누이라 속여 외간 남자의 침실에 밀어 넣어도 남편의 비굴함을 정면으로 지적한 적 없는 아내였습니다. 그가 전쟁터에 있을 때에도, 마므레 상수리나무 아래서 여호와의 이름을 부를 때에도, 그녀는 그의 곁을 묵묵히 지켜온 터입니다.

분신처럼 믿고 사랑했던 여종 하갈이 주었던 배신감과 모멸감 속에서도, 오직 하나님의 약속을 믿고 칼날 같은 결단을 내려준 아내의 지혜로, 아들이삭을 보호할 수 있었습니다. 밤하늘의 뭇별을 바라보며 하나님이 주신 약속을 되새기던 그 시간들……, 하나님과 함께 있어 아름다웠던 그 시간들이 그녀의 삶과 죽음을 찬란하게 승화시켰습니다.

'우리의 인생은 얼마나 오랫동안 살았느냐 하는 것 보다 얼마나 잘 살았느냐가 더욱 중요하다'는 세네카의 말이 아니더라도 삶의 길이보다 삶의 내용이 중요하다는 것쯤은 누구나 아는 사실입니다.

그런데 문제는, 그 내용을 무엇으로 어떻게 채워야 하느냐 하는 것에 대해, 대부분의 사람들이 갈팡질팡 하고 있다는 데 있습니다.

삶이라고 하는 것이 이성적인 사람들에게는 코미디에 지나지 않고, 감성적인 사람들에게는 비극적이라고 말 할 수 있다면, 하나님을 아는 우리에게는 그야말로 '궁극적인 승리의 과정'이라고 말 할 수 있습니다.

더욱이 영원한 날에 대한 소망과, 재림의 주로 만왕의 왕으로 이 땅에 오실 그리스도의 날까지 펼쳐질 하나님의 계획을 삶의 내용으로 담고 있는 우리는, 인생의 황혼 길에서도, 사랑하는 이의 죽음 앞에서도, 당당하고 힘 있게 눈물을 닦고 일어설 수 있습니다.

아브라함이 그랬습니다!

울고 있던 아브라함이 사라의 시체를 그냥 놓아 둔 채, 벌떡 일어나 헷 족속에게 나아갔습니다. 젖과 꿀이 흐르는 가나안 땅, 메시아로 오실 예수 그리스도께서 나실 그 땅을 공식적으로 소유하여, 그의 약속된 후손들에게 계승해 주기위해, 홀연히 일어 선 것입니다.

우리의 삶은 하나님의 영원한 시간 속에서 별빛이 내는 단 한 번의 반짝임에 불과합니다.

섬광처럼 지나가는 시간들 속에서 하나님이 요구하시는 목표에 이끌려 가는 아브라함의 노년이야말로, 어떤 젊은 이에 비할 바 없는 에너지가 넘쳐흘렀을 뿐 아니라, 그의 남은 황혼 길에는, 하나님과 통하고 아비와 가슴이 통하는 언약의 후계자 이삭이 있었고, 이방인인 그에게 밭과 묘실을 거저 주고 싶어 할 만큼, 그를 칭송하며 존경하는 이웃이 있었기에, 사라 없이 가는 그 길이 결코 외롭지 않았을 터입니다.

슬픔을 딛고 일어선 그가, 은 400세겔을 주고 산 막벨라 굴은, 사랑하는 아내와 자신과 그의 아들 이삭, 야곱, 요셉, 그리고 이스라엘 열조들의 영원한 안식처가 되었음은 물론, 이스라엘 민족에게 남겨준 법적 유산인 동시에, 신앙의 유산이 되었습니다.

성경이 말하는 증인들에게 다가오는 죽음은, 그들의 삶에 못지않게 오늘날의 우리에게 특별한 의미를 주고 있습니다.

최초의 인간인 아담의 죽음은, 인간은 나서 반드시 흙으로 돌아간다는 것을 상기시켜 줍니다. 창세기 3장 19절

이름 그대로 허무하게 살다간 아벨의 죽음은 – 430년 동안, 애굽의 노예생활에서 해방되는 유일한 길은 오직 어린 양의 피를 문설주와 인방에 바르는 것이며 출애굽기 12장 13절 희생제물을 드리는 피의 예배임을 출애굽기 3장 18절 이미 알고 있다 할지라도 – 문 앞에 엎드려 호시탐탐 공격 대상과 멸망시킬 대상을 찾고 있는 죄와 어둠의 세력에게 장악된 가인의 영적 상태를 간과하여 Gen 4:7 Sin is waiting to attack and destroy you – NLT 영적 싸움은 물론, 하나님의 자녀 된 신분과 권세를 누리지 못한 데서 비롯된 허망한 죽음이었음을 교훈으로 남겨줍니다.

비스가 산에서 가나안 땅을 바라보며 120세에 생을 마감한 모세의 죽음은, 사명이 끝나는 그 날까지 반드시 보호하시고 인도하시는 하나님의 절대적 시간표를 확인 시키는 가운데 복음의 종교화와 개인의 우상화를 미연에 방지한 하나님의 지혜를 발견하게 합니다.

예수님이 비유로 직접 말씀하신 부자와 나사로의 죽음은 가장 선명하게 죽음에 대한 준비를 확고하게 합니다.

날마다 자색 옷과 결이 고운 옷으로 치장하고 파티를 즐기며 호화로이 살았던 부자, 그는 마음 또한 넉넉하여 개들이 그 헌데를 핥을 정도로 지저분한 거지 나사로가 문 앞에 죽치고 앉아 평생을 얻어먹어도 싫은 소리 한 번 하지 않았건만 너무나 고통스러운 지옥에 떨어져 혀끝을 서늘하게 할, 물 한 방울을 갈구합니다.

반면에 평생을 가난과 질병의 저주 속에 살았던 나사로는 천국에서 아브라함의 품에 안깁니다.

이 죽음을 놓고 부자가 천국에 들어가는 것은 낙타가 바늘구멍에 들어가는 것 보다 어렵다는 하나님의 말씀을 떠 올려서 육신적 관점으로 이해하려 든다면 좀 곤란합니다.

이 부자는 적어도 나사로의 가난을 외면하지는 않았습니다.

하나님의 사랑과 절대주권도 모르고, 아브라함이 거부가 될 수 있었던 그 언약의 비밀도 모르는 부자가, 가난한 이에게 부스러기라도 던져 줄 수 있다는 것은 사실, 대단한 것입니다.

어찌됐던 부자는 선행도 하고, 나름대로 구제도 했지만 구원과는 전혀 무관한 삶을 살았습니다.

반면에 거지 나사로는 행위나 인격과 상관없이 주어지는 구원의 선물로 죽어서 천국은 갔지만 이 땅에서는 천국을 빼앗긴 채 고난과 고민 속에 살았습니다.

구원 받은 하나님의 자녀로서 반드시 주어지는 하나님의 축복 – 하나님의 자녀된 신분과 권세를 누림으로 하늘 배경을 가지고 가난과 질병에 도전하여 싸워 이길 영적인 힘을 잃어버린 채, 하나님의 자존심을 사그리 구기면서 살았으니, 이 땅의 재물보화를 다 가지고도 고독하고 갈증 나는 부자에게 전도 한 번 못한 것은 너무나 당연한 결과입니다. 더욱이 전도의 미련한 것 속에 구원의 기쁨을 감추어 놓은 하나님의 계획을 알리가 만무하지요…… 고린도전서 1장 21절

스테반의 죽음을 통해 우리는 복음을 증거 하는 전도자의 찬란한 영광을 볼 수 있듯이, 한 생애를 하나님과 그리고 남편 앞에서 아름다운 순종으로 살다간 사라의 죽음을 통해 오늘을 사

는 우리가 준비할 죽음을 배울 수 있습니다.

죽음은 또 하나의 시작입니다.

영생을 향한 시작일 수도 있고 영원한 형벌을 향한 출발일 수도 있습니다.

사랑하는 아내의 죽음이 영원한 축복의 시작임을 확신 했던 아브라함……, 그래서 그는 사라의 죽음 앞에서 눈물을 닦고 홀연히 일어 설 수 있었습니다.

이삭의 아내 리브가 - 노을 빛 가운데로 걸어오다

Gospel from The beginning

이삭의 아내 리브가 -
노을 빛 가운데로 걸어오다

바로 그 때, 기도를 마치고 올려다 본 이삭의 눈에 흙먼지를 일으키며 다가오는 일련의 약대 행렬이 들어왔습니다. 진실한 늙은 종, 그의 옆에 한 아리따운 여인이 베일을 드리우고 걸어옵니다. 하나님이 예비하신 바로 그 여인 - 리브가, 그녀가 노을빛을 가르고 구름처럼 다가와 이삭 앞에 섰습니다.

이삭의 아내 리브가 - 노을 빛 가운데로 걸어오다

Gospel from The beginning

말 그대로 척박한 땅, 네게브에서 사랑하는 어머니 사라마저 하나님 나라로 떠나보낸 채, 못내 쓸쓸해 하는 아들 이삭을 위해, 아브라함은 마침내 그의 신실한 종을 불러 아들의 영원한 반려자가 될, 한 여인을 찾아오라고 명합니다.

믿음의 상속자요, 언약의 후계자로서, 너무나 중요한 위치에 있는 아들 이삭의 결혼만큼은, 순간의 감정이나 기분에 의해 결정되어서는 안 될 뿐 아니라, 더욱이 이방여인을 아내로 맞이해서는 절대로 안 된다는 사실은, 아브라함은 물론, 당사자인 그의 아들 이삭, 그리고 주인 아브라함과 동행하신 하나님의 증거를 내내 지켜보아온 그 집안의 모든 종들이 알고 있었을 것입니다.

그래서 신붓감을 찾아 떠나는 늙은 종과 아브라함 간에 드려진 의식은, 사뭇 진지하다 못해 비장함 까지 느껴집니다.

주인의 허리 깊숙한 곳, 환도 뼈에 손을 넣은 종을 향해 아브라함은 맹세하게 합니다.

'나는 네가, 하늘의 하나님, 땅의 하나님이신 주를 두고서 맹세하기를 바란다. 너는 나의 아들의 아내가 될 여인을, 내가 살고 있는 이 곳 가나안 사람의 딸들에게서 찾지 말고 나의 고향, 나의 친척이 사는 곳으로 가서 거기에서 나의 아들 이삭의 아내 될 사람을 찾겠다고 나에게 맹세하여라.' 창세기 24장 3~4절 표준 새 번역

이 명령을 마음에 담은 신실한 종은 주인의 약대 중 열 마리를 취하여 온갖 좋은 귀중품을 싣고 주인의 혈육이 거주하는 땅, 가나안 북방 하란을 향하여 길을 떠납니다.

먼 길을 걸어 해도 기울고 약대들도 목마를 즈음, 나홀 성에 도착하자 그는 우물가에서 약대들을 쉬게 합니다.

이 때, 한 무리의 여인들이 물을 길러 다가오자 이 진실한 종은 하나님께 기도하기 시작합니다.

'주님, 나의 주인 아브라함을 보살펴 주신 여호와 하나님, 오늘 일이 순조롭게 되기를 원합니다. 나의 주인 아브라함에게 은혜를 베풀어 주옵소서.'

'그리고 여호와 하나님, 제가 여기 우물곁에 서 있다가 마을 여인들 중 한 여인에게 물동이를 기울여 나로 물을 마시우게 하라 하겠습니다. 그 때에 그 소녀가 '드십시오.' 흔쾌히 대답하고 나서 '약대들에게도 물을 길어 주겠습니다.'라고 답하면 이로써 그 여인이 바로 주께서 주의 종 이삭의 아내로 정하신 여인인 줄 알겠습니다. 주께서 저의 주인 아브라함에게 은총을 베푸신 줄로 알겠습니다.' 창세기 24장 12~14절

이 기도를 다 마치기도 전에 빛나도록 아름답고 순결한 여인이 물동이를 어깨에 메고 우물가로 다가왔습니다.

우물에서 물을 가득 길어 올라오는 그녀에게 먼 길을 걸어 온

나그네가 부탁합니다.

"이 물동이에 든 물을 좀 마시게 해주시오." 급히 물동이를 내려놓은 그녀가 말합니다.

"아 물론입니다, 어서 드세요, 제가 물을 더 길어다가 약대들에게도 실컷 마시게 하겠습니다."

노래하듯 화사하게 대답한 이 아리따운 여인은 어마어마하게 물을 마셔대는 약대들을 위해 쉴 새 없이 동동걸음 치며 우물과 구유를 재빠르게 오갑니다.

이 모습을 조용히 바라보며 신실한 종은 기도로 하나님께 묻습니다.

'하나님, 이 일이 정녕 응답입니까? 이 여정을 하나님께서 형통하게 하시는 것인가요?' 'The man watched, silent. Was this God' answer? Had God made his trip a success or not?' Gen 24:21 The Message

약대들에게 물 먹이는 것을 마친 그 여인에게 다시 요청해 봅니다.

"그대는 뉘 댁의 따님입니까…… 오늘 하룻밤 묵어 갈 수 있는 방이 있겠소?"

그러자 곧바로 시원한 대답이 돌아옵니다.

"저는 할머니 밀가와 할아버지 나홀의 태생인 브두엘의 딸입니다. 저희 집엔 겨와 여물도 넉넉하고 머무르실 방도 있습니다."

이쯤 되니 아브라함의 종은 머리 숙여 하나님께 감사기도를 드립니다.

'나의 주인 아브라함을 보살펴 주신 하나님, 주님을 찬양합니다. 나의 주인에게 인자와 성실을 끊지 않으셨으며, 주께서 저의 길을 잘 인도하여 주셔서 나의 주인의 동생 집에 무사히 이르게 하셨습니다.' 창세기 24장 27절 표준 새 번역

드디어 순적하게 혼사는 이루어지고……, 아브라함의 순전한 종은 아름다운 여인 리브가를 데리고 주인의 집으로 돌아옵니다.

이즈음 이삭은, 광야 계곡 저 너머로 붉은 햇살 뿜어내는 저녁 태양을 바라보며 바윗돌에 앉아 기도하였습니다. 아버지 아브라함의 인생 여정 가운데 특별한 계획을 가지고 이끌어내시어, 항상 임마누엘의 축복으로 함께 하셨던 하나님, 불가능을 가능으로 바꾸신 하나님, 실수와 실패를 오히려 축복으로 바꾸신 하나님, 무에서 유를 창조하시는 하나님의 능력은 가나안 온 땅의 증거가 되었습니다.

열두 살 어린 나이에 이미 체험한 어린 양의 비밀, 메시아가 약속한 보혈의 메시지는 그를 원수의 손에서 자유케 하고, 여호와 이레 하나님, 모든 것을 앞서 준비하시는 하나님은, 가장 좋은 것으로 자신의 청춘을 새롭게 하시리라 확신합니다. 이삭의 기도는 그래서 미래에 대한 기대와 감사, 찬송으로 가득합니다.

바로 그 때, 기도를 마치고 올려다 본 이삭의 눈에 흙먼지를 일으키며 다가오는 일련의 약대 행렬이 들어왔습니다.

진실한 늙은 종, 그의 옆에 한 아리따운 여인이 베일을 드리우고 걸어옵니다.

하나님이 예비하신 바로 그 여인 - 리브가, 그녀가 노을빛을 가르고 구름처럼 다가와 이삭 앞에 섰습니다.

가슴 뛰게 하는 이삭의 아름다운 결혼 이야기는 한 편의 서사

시처럼 성경에 이렇듯 상세히 기록되어 있습니다.

영화같은 이 이야기의 주역배우들은 이렇습니다.

하나님의 사람들을 통해서 메시아, 그리스도 예수의 복음이 천 대까지 계승되어야 함을 굳게 믿고, 주께서 탄생할 약속의 땅 가나안을 절대로 떠나지 말라는 하나님의 명령을 엄히 준행하였던 믿음의 조상 아브라함, 나이 사십이 되도록 조급하지도 염려하지도 아니하고, 하나님의 때를 묵묵히 기다리며 기도한 그 응답으로 만남의 축복을 누렸던 언약의 후계자 이삭, 나이 많도록 주인 아브라함 곁을 떠나지 않고, 곡절 많은 인생 가운데서도 하나님의 약속을 결단코 놓치지 않는 주인의 믿음을, 마음으로 몸으로 체험하여 본받은 진실하고 충성스런 기도의 사람, 늙은 종, 그리고 하나님 앞에서 언약을 따라 가는 길이라면 밍기적거리거나 인정에 매이지 않는 칼날 같은 결단력, 그 이면에 이웃을 사랑하고 배려하는 따뜻함과 부지런함을 동시에 겸비한 리브가, 아름답기까지 한 그녀가 바로……, 이삭의 사랑하는 아내가 되었습니다.

약속의 아들, 이삭 - 마침내, 거부 A wealthy man 가 되다

Gospel from The beginning

약속의 아들, 이삭 - 마침내, 거부 A wealthy man 가 되다

언약의 끈을 놓치고 잠시 실패한 것처럼 보였던 이삭의 생애는, 하나님의 약속과 예배를 회복하는 순간, 백 년의 응답을 앞당기는 최고의 축복과 샘의 근원을 얻는 응답을 누림으로써 마침내 거부가 되었다고 성경은 말합니다. God blessed him. The man got richer and richer by the day until he was very wealthy. Gen 26:13 The Message

약속의 아들, 이삭 - 마침내, 거부A wealthy man가 되다

Gospel from The beginning

바랄 수 없는 중에 믿음으로 태어난 약속의 아들, 언약 안에서 법적인 상속자로 태어난 이삭의 생애는 아버지 아브라함의 인생여정을 거울에 비춰 보듯이 꼭 빼닮아 있어 참으로 흥미롭습니다.

밑도 끝도 없이 오직 '떠나라'는 하나님의 말씀에 순종하여 정든 고향을 등진 채, 하나님이 지시하신 땅, 가나안을 향해 떠났던 아버지의 믿음을 배워, 그는 메시아가 오실 땅, 가나안을 떠나지 말라는 아버지의 명령을 준행합니다.

오직 믿음으로 자신의 미래를 하나님께 맡기고 기도함으로, 아름다운 아내 리브가를 맞이한 그의 생애가 자못 평탄할 것처럼 보였습니다. 비록 혼인한 지 이 십여 년이 지나도록 후사를 얻지 못하였으나 그는, 자신의 출생비밀을 너무나 잘 알고 있었기에, 오직 하나님께 간구하여 언약을 계승할 자신의 후계자를 응답으로 받는 기도의 사람이었습니다. 창세기 25장 21절

그런 그에게 신앙의 위기가 찾아왔습니다.

먹고 사는 현실 문제 앞에서 잠시 흔들리는 것은 육신의 몸을 입고 이 세상을 살아가는 동안 피할 수 없는 시험으로 다가옵니다.

가나안 땅에 흉년이 들고 만 것입니다.

기근을 피하여 아버지 아브라함이 우상의 땅 애굽으로 내려갔듯이, 그 또한 지극히 현실적이고 육신적인 문제의 해결을 위해 약속의 땅을 떠나 그랄 땅, 블레셋 왕 아비멜렉이 통치하는 곳으로 내려갑니다.

가나안 남쪽 경계선, 애굽으로 내려가는 길목에 지중해 연안을 끼고 비옥한 땅이 광활하게 펼쳐진 그 곳에는 곡물이 넘쳐났습니다.

급한 불을 끄고 배고픈 문제는 당장 해결 된 듯 보였지만 이삭에게는 그만 더 큰 복병이 기다리고 있었습니다.

다름 아닌, 아리따운 아내 리브가를 노리는 블레셋의 음흉한 사람들과 그랄 왕 아비멜렉이었습니다.

아차 싶었던 이삭은 자신의 생명이 위태로울 것을 염려하여 이리저리 궁리한 끝에 아내를 누이라 속입니다. 아내 사라를 두 번이나 팔았던 아버지 아브라함의 인본주의가 그대로 아들에게 투영되는 순간입니다.

뿌리 깊이 내려오는 가문의 불신앙적 체질과 기질은 그리스도 예수 안에서 이십 사 시간 깨어 있지 않으면 우는 사자처럼 달려들어 우리의 삶을 덮쳐버립니다.

이방 땅으로 내려와 그는 하나님 앞에서 드려야 할 예배를 놓치고 말았습니다. 단을 쌓고 여호와의 이름을 부르는 피의 예배, 그가 어린 나이 열두 살에 깨달았던 예배의 축복, 양을 잡아 하나님 앞에 번제로 올려야 하는 언약의 예배, 다시 말해 메시아, 예수 그리스도께서 이 땅에 오셔서 우리에게 닥쳐올 재앙과 위기를 십자가에서 피 흘리심으로 완전하게 해결하셨음을 고백하는 믿음의 예배를 놓치는 순간, 이삭의 삶에 근심과 걱정과 두려움이 찾아온 것입니다.

이것은 단지 이삭의 문제가 아니라 오늘을 사는 우리의 문제입니다.

예배의 축복과 하나님의 약속을 놓쳐버리는 순간, 우리는……, 기도하기 보다는 육신적인 충동과 열심에 따라 해결책을 찾아보려고 몸부림치게 됩니다. 이것이 바로 불신앙이며, 하나님이 가장 싫어하시는 것입니다.

그래서 우리는 빈 시간에도 하나님의 자녀, 약속의 자녀로서의 신분과 권세를 놓쳐서는 안 됩니다.

우리를 사랑하시되 끝 까지 사랑하시는 하나님께서 우리가 아직 죄인 되었을 그 때에 우리를 위하여 십자가에서 죽기까지 우리에 대한 사랑을 확증하셨습니다. 로마서 5장 8절

그 사랑으로 우리에게 주신 구원의 축복을 잃어버릴 때, 우리는 미래를 걱정하게 됩니다.

구원 받은 하나님의 자녀는 반드시 성령께서 그 생애를 아름답고 복되게 인도하시고, 어떤 문제와 상황 가운데서도 예수 그리스도, 그 이름을 힘입어, 구하고 두드리고 찾으면 반드시 응답하시겠다고 약속하셨는데도 우리는 종종 이 사실을 잊고 맙니다.

그것은 바로, 이 구원의 축복을 누리지 못하도록, 논리적이고 합리적인 광명의 천사로 위장하여, 끊임없이 우리의 마음과

생각을 도적질하고 훔치고 멸망시키며 혼미케 하는 존재가 있기 때문입니다. 요한복음 10장 10절, 고린도후서 4장 4절, 마태복음 12장 28절, 고린도후서 11장 14절

창세기 3장에 출현하여 하나님과 우리 사이를 이간시키고, 아담과 하와의 평화로운 가정을 깨버렸던 그 사단이 아브라함과 이삭의 시대에도, 오늘 날 우리의 시대에도 그대로 재현되어 활동합니다.

사백 삼십 년 동안 바로왕의 폭정 아래 노예 살이 해야 했던 고단한 인생길에서 자유와 해방을 얻는 길, 장자가 이유 없이 죽어 나가는 재앙의 현장에서 안전하게 빠져 나오는 길, 그것은 오직 단을 쌓고 여호와의 이름을 부르며 희생 제물을 드리는 피의 예배, 유월절 어린 양의 피를 문설주와 인방에 바르는 '십자가의 도'가 아니고는 그 어떤 훌륭한 인간적인 방법 - 논리적이고 철학적이며 지극히 종교적인 방법으로도 절대 불가능합니다. 출애굽기 3장 18절, 출애굽기 12장 13절

그래서 성경은 말합니다.

'십자가의 도가 멸망 하는 자들에게는 미련한 것이요 구원을 얻는 우리에게는 하나님의 능력이라' 고린도전서 1장 18절

그런데 신실하신 하나님은 약속의 자녀가 실패하고 실수했다 해서 그냥 버려두시지 않습니다.

오히려 더 큰 실패를 막기 위해 화급히 이삭 앞에 나타나셔서 그가 받을 미래의 축복을 다시 한 번 확신시켜 주십니다.

'애굽으로 내려가지 말아라, 내가 너에게 살라고 한 이 땅에서 살아라. 네가 이 땅에서 살아야 내가 너를 보살피고 너에게 복을 주리라, 이 모든 땅을 너와 너의 자손에게 주리니, 내가 너의 아버지 아브라함에게 맹세한 약속의 땅에서 너의 자손이 하

늘의 별과 같이 많아지게 하고 그들에게 이 모든 땅을 주어서 이 세상 모든 민족이 네 씨의 덕을 입어서 복을 받게 하리라. 이것은 아브라함이 나의 말에 순종하고 나의 명령과 나의 율례와 나의 법도를 잘 지켰기 때문이다.' 창세기 26장 2~5절 표준 새 번역

이 약속을 지키신 하나님께서는 이삭이 일 년 농사를 지으면 백 년 동안 지은 만큼 수확을 거두게 하셨을 뿐 아니라, 그가 가는 곳 마다 샘물이 넘치는 풍성한 증거를 주셨습니다.

그의 축복을 바라보는 이방인들이 시기 할 만큼, 하나님을 거부하는 불신자들마저도 깜짝 놀랄 만큼, 그가 응답을 누리는 축복의 사람이 된 것입니다.

그 축복을 바라보고 시기한 블레셋 사람들은 그의 우물을 메우고 빼앗고 쫓아내지만 여전히 하나님의 축복은 계속 되어, 아예 샘의 근원을 발견합니다.

빼앗으면 주고, 시기하면 양보하기를 거듭하며 장막을 옮겨가던 그가 마침내 다다른 곳, 그 곳이 바로 브엘세바입니다.

이삭이 그 곳에 장막을 치고 단을 쌓아 여호와의 이름을 부르며 예배드리니 그의 종들이 다시 우물을 팝니다. 아버지 아브라함이 향기로운 에셀 나무를 심고 여호와의 이름을 불렀던 바로 그 땅에 다다른 것입니다.

겉으로 보기에는 시기한 사람들이 이삭을 밀쳐낸 것 같지만 사실은 하나님의 은밀한 물 밑 계획 속에서 약속의 땅으로 돌아 온 것입니다.

언약의 끈을 놓치고 잠시 실패한 것처럼 보였던 이삭의 생애는, 하나님의 약속과 예배를 회복하는 순간, 백 년의 응답을 앞당기는 최고의 축복과 샘의 근원을 얻는 응답을 누림으로써 마

침내 거부가 되었다고 성경은 말합니다.

God blessed him. The man got richer and richer by the day until he was very wealthy. Gen 26:13 The Message

Genesis

약속의 자녀는 떡잎부터 다르다?

Gospel from The beginning

약속의 자녀는
떡잎부터 다르다?

사람이 떡으로만 사는 것이 아니라 하나님의 입에서 나오는 말씀으로 살아가는 존재임을 망각하는 순간 우리는, 팥죽 한 그릇에 장자의 명분을 팔아치우는 '어리석은 자, 에서'로 전락하여 일평생 후회와 자책감, 복수심으로 마음 속 칼날을 갈며 살아갈 수밖에 없습니다.

하나님의 절대주권 가운데 선택 받은 약속의 자녀는 이미 뱃속에서부터 남다른 기량(?)을 발휘합니다.

야곱이 그랬습니다.

하나님의 명령을 준행하여 젖과 꿀이 흐르는 가나안 땅을 떠나지 않았던 이삭은, 여호와께로부터 복을 받아 아름다운 여인 리브가를 신부로 맞이한 후, 가는 곳 마다 샘의 근원이 솟아나고 일 년 농사에 백 년의 수확을 거두는 재벌의 축복을 누리는 가운데, 나이 육십이 되어 간절한 기도의 응답으로 두 아들을 얻습니다.

그런데 그 두 아들이 뱃속에서부터 서로 먼저 나오겠다고 생을 걸고 싸웁니다.

피부가 붉고 털이 많은 에서가 리브가의 태에서 세상 밖으로 나오는 순간, 매끈하게 생긴 둘 째 녀석이, 먼저 나온 형, 에서의 발꿈치를 잡고 늘어지며 안간힘을 쓰다가 태어났습니다.

그래서 이름도 '발뒤꿈치를 잡은 자,' 라는 의미를 담고 야곱이라 불리었습니다.

잉태되는 순간부터 시작된 야곱의 전투적인 삶은 인생 말년에 바로 왕 앞에서 그가 한 고백처럼 '험악한 인생'의 서곡이 되었습니다.

하지만 이미 뱃속에서부터 장자의 축복이 얼마나 엄청난 것인지 알고 있었던 어린 생명의 고군분투는 어머니 리브가가 너무나 괴로워서 여호와 앞에 나아가 '이를 어찌 할꼬' 물을 만큼 진지하고 처절하고 맹렬했나 봅니다. But the children tumbled and kicked inside her so much.... Gen 25:22 The Message.

이때, 하나님께서는 이렇게 말씀하십니다.

'여호와께서 그에게 이르시되 두 국민이 네 태중에 있구나, 두 민족이 복 중에서부터 나누이리라 이 족속이 저 족속 보다 강하겠고, 큰 자는 작은 자를 섬기리라.' 창세기 25장 23절

큰 자가 작은 자를 섬기리라는 말씀은 곧 장자의 축복이 이미 작은 아들 야곱에게 있음을 시사하는 것입니다.

당시에 장자의 권리라고 하는 것은, 하나님께서 약속하신 가나안 땅을 계승하고 부친이 갖는 기업을 유업으로 받되 두 몫을 받게 됨을 의미합니다.

이 뿐 아니라, 장자로서 갖게 될 영적 축복의 의미는, 다름 아닌 메시아, 구원자로 오실 예수 그리스도의 조상이 되는 축복을 누리는 것이었습니다. 이 어마어마한 축복을 눈치 챈 야곱은 이미 떡잎부터 달랐습니다.

이런 야곱에 대해 성경은 말합니다.

'육신의 자녀가 하나님의 자녀가 아니라 오직 약속의 자녀가 씨로 여기심을 받느니라……, 리브가에게 이르시되 큰 자가 어린

자를 섬기리라 하셨나니 기록된 바, 내가 야곱은 사랑하고 에서는 미워하였다 하심과 같으니라.' 로마서 9장 8~ 13절

모태에서부터 가지고 싶었던 장자의 축복을 놓치게 된 야곱은, 들판에 나가 사냥하기를 좋아하는 형 에서와 달리 장막에 고요히 거하는 '종용한 자'가 되었습니다.

종용한 자라는 뜻은 히브리어로 '이쉬 탐'인데, '경건한 남자'라는 뜻이라고 합니다. 바울 성경 연구 시리즈 참고

경건의 성경적 의미가 '구별 된 자'라는 뜻을 품고 있듯이, 이미 세속적이고 육신적인 형, 에서와는 달리, 야곱은 장막 사이를 오가며 어머니 리브가 곁에서 자신의 조상 아브라함, 그리고 아버지 이삭과 함께 하신 하나님의 역사를 경청하는 가운데, 갈 바를 알지 못하였으나 오직 하나님의 명령을 준행하였던 믿음 하나로 가나안을 정복했던 승리의 증거와, 어린 나이에도 양을 잡아 번제로 드리는 피의 예배가 얼마나 중요한 지를 알고 하나님이 원하시는 예배를 드린 결과로 받은 거부의 축복을, 자신도 반드시 누리리라는 비젼과 결단을 마음과 영혼 속에 새겨 넣었을 것입니다.

시간이 갈수록 언약의 소중함과 그 계승자로서의 축복에 갈급해 하던 야곱에게 드디어 절호의 기회가 찾아왔습니다.

사나이 중의 사나이, 호탕하고 단순한 형 에서가 사냥 길에서 돌아온 어느 날이었습니다.

형이 몹시 배고파하며 돌아올 것을 이미 알고 있었다는 듯이 때맞추어 팥죽을 쑤던 야곱은 육신적이고 충동적인 형에게 다가가 협상을 시도합니다.

장자의 명분과 팥죽을 바꾸자는 것이었습니다.

이 어처구니없는 거래 앞에서 형 에서는 배고프고 피곤해 죽겠는데 까짓 장자의 명분이 뭐 대수겠느냐 싶어 얼른 승낙합니다.

그런데 매사에 꼼꼼하고 철저한 야곱은 형으로 하여금 확실히 '맹세하게' 한 다음 팥 죽 한 그릇으로 장자의 명분을 샀습니다.

이렇듯 경솔한 형 에서를 향해 성경은 사뭇 혹독하게 평가합니다.

'음행하는 자와 혹 한 그릇 식물을 위하여 장자의 명분을 판 에서와 같이 망령된 자가 있을까 두려워하라 너희의 아는 바와 같이 저가 그 후에 축복을 기업으로 받으려고 눈물을 흘리며 구하되 버린 바가 되어 회개할 기회를 얻지 못하였느니라.' 히브리서 12장 16~17절

영적인 축복은 잃어버린 채, 금권만능주의와 세속적 현실주의, 극단적 인본주의가 판치고 있는 이 시대에, 인류의 구원자로, 그리고 우리 인생 모든 문제의 해결자로 이 땅에 오신 예수 그리스도, 그 이름의 권세로 기도하지 않으면, 순간 우리는 원죄적 체질로 돌아가 눈에 보이는 썩어질 것에 집착하는 에서와 같이 '망령된 행실' 가운데 빠져 들 수밖에 없습니다.

그 이유는 창세기 3장에 출현하여 아담과 하와의 육신적 눈을 밝게 함으로써 하나님의 법으로 정해놓은 금단의 열매를 '먹음직도 하고 보암직도 하고 지혜롭게 할 만큼 탐스럽게' 보이도록 궤계를 썼던 간교한 이간자, 사단이 지금도 우리의 삶에 그대로 재현되고 있기 때문입니다.

그 근본이 욕심쟁이요, 훔치는 자며, 온 인류의 삶을 파괴시키는 사단은 요한복음 8장 44절, 요한복음 10장 10절 가증스럽게도 예수님을 유혹합니다.

사십 주야를 광야의 추위와 목마름, 그리고 배고픔과 싸우며 구원 사역을 기도로 준비하고 계시는 예수님께 다가가 마귀가 내밀었던 첫 번 째 카드가 바로 '배고픔을 잠시 면해줄 떡 덩어리'였습니다.

이 때 마귀를 물리쳤던 예수님의 무기는 바로, '하나님의 말씀'이었습니다. 누가복음 4장 1~4절

사람이 떡으로만 사는 것이 아니라 하나님의 입에서 나오는 말씀으로 살아가는 존재임을 망각하는 순간 우리는, 팥죽 한 그릇에 장자의 명분을 팔아치우는 '어리석은 자, 에서'로 전락하여 일평생 후회와 자책감, 복수심으로 마음 속 칼날을 갈며 살아갈 수밖에 없습니다.

평생을 잔머리 쓰면서 속고 속이는 가운데 험난한 인생을 살아야 했던 야곱의 생애는 그다지 크게 훌륭한 것은 없어 보일지라도, 오직 하나, 뱃속에서부터 거머쥐었던 언약으로 인해 메시아의 조상이 될 수 있었습니다. 반면에, 그리 크게 잘못 한 것 없어 보이는 에서의 삶은 하나님의 약속을 경홀히 여기고 장자의 축복을 무시했다는 그 이유 하나 만으로 히타이트족속 여인들과 결혼한 나이 사십부터, 부모의 마음을 가시로 콕콕 찌르는 근심거리 인생을 살다가 They turned out to be thorns in the side of Isaac and Rebekah. The Message 육신적 신앙의 부끄러운 모델이 되고 말았습니다. 창세기 26장 34~35절

그런데 신약시대에 떡잎부터 달랐던 또 하나의 아기가 소개되고 있어 흥미롭습니다.

다름 아닌 세례요한……, 그는 어머니 엘리사벳의 모태에서부터 이미, 마리아의 태를 빌려 메시아로 오신 예수님을 알아보고

'뛰놀았다'고 성경은 말합니다. 누가복음 1장 41절

이 잘 자란 떡잎은 광야의 외치는 소리가 되어 메시아의 길을 예비하였고, '여자가 난 자 중 가장 큰 자'라는 최고의 찬사를 예수님께로부터 받았습니다. 하지만 예수님의 다음 말씀이 더 중요합니다.

'내가 너희에게 말하노니 여자가 낳은 자 중에 요한 보다 큰 이가 없도다 그러나 하나님의 나라에서는 극히 작은 자라도 저보다 크니라……' 누가복음 7장 28절

그렇습니다. 하나님의 나라를 유업으로 받은 우리들이야말로, 떡잎부터 다르게 태어난 '진짜 약속의 자녀들'임을 하나님께서는 확실하게 확인시켜 주셨습니다.

'……, 내가 너를 복 중에 짓기 전에 너를 알았고 네가 태에서 나오기 전에 너를 구별하였고 너를 열방의 선지자로 세웠노라……' 예레미아 1장 5절

사나이 중 사나이, 대장부 - 에서가 울었다

Gospel from The beginning

사나이 중 사나이, 대장부 - 에서가 울었다

야곱은 이런 축복을 약속으로 받습니다. '하나님은 하늘의 이슬과 땅의 기름짐이며 풍성한 곡식과 포도주로 네게 주시기를 원하노라 만민이 너를 섬기고 열국이 네게 굴복하리니 네가 형제들의 주가 되고 네 어미의 아들들이 네게 굴복하며 네게 저주하는 자는 저주를 받고 네게 축복하는 자는 축복을 받기를 원하노라.' 창세기 27장 28~29절

반면, 씩씩하고 용맹스런 멋진 사나이, 에서의 삶은 애달픕니다. '너는 칼을 믿고 생활하겠고 네 아우를 섬길 것이며……' 창세기 28장 40절

사나이 중 사나이, 대장부 - 에서가 울었다

Gospel from The beginning

불그레한 얼굴에 기골이 장대하고 야성미가 좔좔 흐르는 섹시가이A sexy guy에서가 흑흑 흐느끼며 목이 메도록 울고 말았습니다.

그냥 소리 내며 운 정도가 아니라, 그 누구도 위로할 길이 없을 정도로 대성통곡했다고 성경은 담담히(?) 말하고 있습니다.
Esau sobbed inconsolably. Gen 27:38 The Message

일단 사내대장부로 태어나면, 일생을 통 털어, 태어날 때와 부모님 잃었을 때 외에는 절대로 울어서는 안 된다고들 하지만, 어쨌든 사냥터를 용맹스럽게 누비던 사나이 에서도 동생 야곱, 그것도 늘 어머니 치마폭을 휘감고 잔머리나 돌리고 있는 병약한 동생의 속임수에 두 번이나 넘어가고 말았으니 분이 나서 방성대곡할 만도 합니다.

사냥하고 돌아와 배고파 죽을 지경이던 그 순간을 약삭빠르게 포착하여 장자권을 빼앗아 간 것도 분통 터질 일인데 글쎄, 아버지 이삭의 축복까지 어머니와 작당(?)하여 훔쳐 갔다고 생각하니, 자기 뱃속으로 낳고도 늘 차별대우하는 어머니 리브가가 원망스러운 것은 둘째 치고라도, 이제는 장자로서 누리는 제사장

권과 동생 야곱 보다 두 배를 상속하게 될 그 어마어마한 재산까지 놓쳤다고 생각하니 죽을 지경인 것입니다.

야곱의 세기적인 사기사건의 내용은 이렇습니다.

고기 좋아하는 아버지 이삭의 총애에 감사하여 부지런히 사냥감을 가지고 집으로 돌아와 축복을 받고자 길 떠난 형 에서가 집을 비운 사이, 어머니 리브가는, 어린 염소 를 잡아 그 가죽으로 작은 아들 야곱의 계집아이처럼 매끈매끈한 팔을 털북숭이로 변장 시켜서, 큰 아들 에서의 제일 좋은 의복을 입힌 후에 손수 남편의 입맛에 맞춘 별미 까지 만들어 야곱을 이삭 앞에 내보냅니다.

이 과정에서 야곱의 거짓말은 어머니 리브가 못지않게 능청스럽기 까지 합니다.

"저는 아버지의 맏아들 에서입니다…… , 제가 사냥하여 온 고기를 잡수시고 저에게 마음껏 축복하십시오." 창세기 27장 10절 표준 새번역 참조

이 말을 듣고, 비록 나이 많아 눈은 멀었으나 뭔가 의심스러운 구석이 있었는지 먹기 전에 아버지 이삭이 묻습니다.

"내 아들아 네가 어떻게 이같이 속히 사냥거리를 잡았느냐?"

"아버지께서 섬기시는 주 하나님이 일이 잘 되게 저를 도와주셨습니다."

하나님까지 끌어다가 거짓말을 합니다. 이쯤 되면 능청스럽다 못해 불경스러울 지경입니다.

"얘야 내가 너를 좀 만져보아야겠다……, 네가 정말 나의 아들 에서 인지 알아보아야겠다, 이리 가까이 오너라."

이삭이, 에서의 팔 처럼 털을 붙인 야곱의 팔을 만져보고 난 후 중얼거립니다.

"목소리는 야곱의 목소리인데 손은 에서의 손이로구나."

일 년 농사에 백 년의 응답을 누리고, 가는 곳 마다 샘물이 솟아나며, 이방 족속의 시비가 끊어지고 전쟁이 없는 태평성대를 오래 누리다 보니 아마도 이삭의 영적 민감성이 완전 둔해진 듯 합니다.

그런 그가 하나님의 약속을 이룰 언약 계승에는 관심도 없이 사냥터를 들짐승처럼 뛰어 다니며 오직 육신 적인 것에 생을 걸고 있는 아들 에서에게 건강식hearty meal을 가져오면 축복하겠노라는 주문까지 합니다.

게다가 에서는 이미 나이 사십에 이방 여인 유딧과 바스맛을 아내로 취하여 부모의 근심거리가 되고 있었습니다.

특히 헷족속인 그들은 아브라함의 가문에 내려오는 신앙을 무시하여 리브가의 마음을 상하게 해왔던 터입니다.

성경은 이렇게 말하고 있습니다.

'나는 헷족속의 딸 들 때문에 사는 게 아주 넌더리가 납니다. 야곱마저 이 땅에 사는 사람들의 딸 들 가운데서 아내를 맞아들인다고 하면, 내가 살아있다고는 하지만, 내게 무슨 의미가 있겠습니까?' Rebekah spoke to Issac, "I'm sick to death of these Hittite women. If Jacob also marries a native Hittite woman, why live? the Message

리브가가 남편 이삭에게 하소연하는 대목입니다. 창 27:46

자신의 시아버지 아브라함과 함께 항상 동행하셨던 하나님의 임재와 그 기적의 역사가, 바로, 단을 쌓고 여호와의 이름을 불렀던 피의 예배로만 가능하다는 사실을 영혼에 담아 두었던 리브가, 창세기 13장 18절 그녀는 자신의 남편 이삭이 모리아 산에서 번제로 드려질 위기 가운데 어떻게 하나님의 시험을 통과하고 그 엄청난 축복을 받았는지 생생하게 들어 온, 그 가문의 언약 계승자였을 뿐 아니라, 그 자신 또한 이방의 왕에게 팔려갈 위기 가운데 하나님의 전능하신 손이 자신을 어떻게 보호하셨는지 사실적으로 체험한 증인이기도 하였습니다.

그런 그녀가 하나님이 원하시는 피의 예배, 즉 우리의 구원자로 오실 메시아, 예수 그리스도의 십자가로 이 땅을 구원할 하나님의 계획을 잃어버리고 이방 문화에 휩쓸려 혼합주의에 빠져버린 아들 에서와 그의 아내들에게 가문의 장자권을 넘겨주고 하나님께 예배드릴 제사장 권 까지 넘긴다는 사실은 그녀를 아찔하게 했을 것입니다.

두 이방 며느리들이 개입된 에서의 예배는 불을 보듯 뻔히 변질되고 타락할 것이기 때문입니다.

이쯤 되면 조금 연약해 보일지라도, 비록 아직은 성숙하지 못하여 믿음 가운데 굳건히 서 있지는 못할 지라도, 늘 자신의 주변을 떠나지 않고 하나님이 해 오신 일들에 대해 즐거이 듣고 감격해 주는 아들 야곱에게 소망을 걸고 장자권을 넘겨주고자 하는 시도는, 하나님을 사랑하고 그 명령을 준행하는 리브가로서 목숨을 걸 만한 일이었을 것입니다.

게다가 이 계략이 드러났을 때 닥쳐올, 작은 아들의 위기에 대해 몰랐을 리 없습니다. 그래서 그녀는 사랑하는 아들 야곱을 멀리 밧단 아람에 피신시키고 그리워하며 사는 고통쯤이야 아무것도 아니라고 결론 내렸겠지요.

아닌 게 아니라, 그녀의 짐작대로 육신적 충동과 욕구에 따라 행동하는 에서는 동생 야곱을 죽여 버리겠다고 흥분합니다.

그래서 야곱의 험악한 제 2의 인생, 도망자로서 살아가는 20년의 세월이 다이나믹하게 펼쳐집니다.

하지만 하나님의 축복은 인격이나 열심이나 착한 행위로부터 오는 것이 아니라, 오직 하나님의 언약 되신 메시아, 예수 그리스도를 영접하고 믿고 따라가는 것으로부터 비롯되는 것이기에 야곱은 이런 축복을 약속으로 받습니다.

'하나님은 하늘의 이슬과 땅의 기름짐이며 풍성한 곡식과 포도주로 네게 주시기를 원하노라 만민이 너를 섬기고 열국이 네게 굴복하리니 네가 형제들의 주가 되고 네 어미의 아들들이 네게 굴복하며 네게 저주하는 자는 저주를 받고 네게 축복하는 자는 축복을 받기를 원하노라.' 창세기 27장 28~29절

반면, 씩씩하고 용맹스런 멋진 사나이, 에서의 삶은 애달픕니다.

'너는 칼을 믿고 생활하겠고 네 아우를 섬길 것이며……' 창세기 28장 40절

고독한 도망자,
야곱의 돌베개

Gospel from The beginning

고독한 도망자, 야곱의 돌베개

믿음의 반대말은 의심이 될 수도 있고 불신앙이 될 수도 있습니다. 그러나 성경적인 믿음의 반대말은 두려움입니다.

고독한 도망자, 야곱의 돌베개

Gospel from The beginning

야곱이 도망갑니다.

가슴이 먹먹한 슬픔과 쓸쓸함이 브엘세바에서 하란으로 가는 길섶마다 발에 채여, 무거운 발걸음 당장 주저앉고도 싶지만, 혈기 왕성한 형, 에서의 분노가 두려워 20리 길을 쉬지 않고 달렸습니다.

태양은 지평선 너머로 붉게 넘어가고 온 몸은 물 적신 솜처럼 가눌 힘이 없어, 쓰러진 그 자리에서 돌 하나 취하여 깊고 깊은 잠에 빠져 들었습니다.

그리고는 꿈을 꿉니다.

딱딱한 돌베개에 피곤한 머리를 기대어 잠들었지만 꿈꾸는 그의 얼굴은 눈부십니다.

하늘에서 사닥다리 하나가 내려와 땅 위에 서더니, 하나님의 천사들이 하늘에 맞닿은 꼭대기부터 야곱이 누운 땅 끝까지 오르내리며 춤을 춥니다.

희대의 사기꾼 야곱, 이미 모태에서부터 질긴 승부욕에 불타, 자신의 목적을 성취하기 위해서라면, 하나님보다 앞서 머리 쓰기를 마다하지 않는 그의 인생 여정 속에 20년이라는 험악한 인생스토리가 기다리고 있는 줄도 모르고 곤한 잠에 빠져 있는 그에게 하나님은 친히 나타나주셨습니다.

자신의 조상이 그러했듯이, 메시아로 오실 그리스도를 대망하며, 단을 쌓고 여호와의 이름을 부르는 예배의 중요성과 언약 계승의 중대함을 알고, 그 언약을 움켜쥐기 위해서라면 도망자로서의 삶도 거부하지 않았던 야곱, 조부 아브라함과 함께 하셨던 하나님, 아버지 이삭과 동행하셨던 하나님을 사모했던 그에게 그의 인격과 행위와 상관없이 하나님은 축복하십니다.

'나는 여호와니 너의 조부 아브라함의 하나님이요 이삭의 하나님이라. 너 누운 땅을 너와 네 자손에게 주리니 네 자손이 땅의 티끌 같이 되어서 동서남북에 편만할 지며 땅의 모든 족속이 너와 네 자손을 위하여 복을 얻으리라. 내가 너와 함께 있어 네가 어디로 가든지 너를 지키며 너를 이끌어 이 땅으로 돌아오게 할지라. 내가 네가 허락한 것을 다 이루기까지 너를 떠나지 아니하리라.' 창세기 28장 13~15절

하나님을 만난 야곱이 고백합니다.

'하나님이 분명히 여기 계시는데 내가 미처 그것을 알지 못 하였구나, 이 얼마나 믿을 수 없을 만큼 놀라운 일인가……, 여기가 바로 하나님의 집이고 하나님 나라로 가는 문이다.' Gen 28:16~17 The message

이 고백과 더불어 아침 일찍이 일어난 야곱은 돌배게 했던 바로 그 돌을 취하여 기둥으로 세우고 그 위에 기름을 부은 후 그곳을 벧엘이라 이름 지었습니다.

'벧엘'이라함은 '하나님의 집'이라는 뜻입니다. 성전, 곧 교회를 야곱이 세운 것입니다.

교회는 임마누엘로 함께 하시는 하나님을 체험한 후 그 고백으로부터 시작됩니다.

또한, 하나님이 원하시고 기뻐하시는 고백 다음에는 반드시 올바른 헌신이 따르게 마련입니다.

미래가 불투명한 도망자의 길에서 목숨을 부지하기 위한 마지막 전 재산 기름 한 병을 그는 하나님의 교회 위에 아낌없이 쏟아 부었습니다.

값진 향유 아낌없이 부은 후에 긴 머리 풀어서 예수님의 발을 닦아 드렸던 그 여인처럼, 과거의 허물을 묻지 않으시고, 현재를 축복하며, 미래를 보장하시는 하나님에 대한 강력한 믿음이 없이는 불가능한 헌신입니다.

하나님의 시간표를 기다리지 못하고 육신적 충동에 따라 반응하고, 때로는 복음을 빙자한 자신의 야망에 따라 하나님 중심이 아닌 자기중심적 신앙으로 나아가는 인본주의는 때로 호된 결과를 가져옵니다.

야곱의 인본주의가 바로 그렇습니다.

끝없이 펼쳐지는 크고 작은 문제들이 걸림돌이 되어 인간관계를 파괴 시키고 좌충우돌하며 무가치한 것에 시간 낭비 하거나 감정 낭비, 힘 낭비하게 만듭니다.

그러나 감사한 것은, 언약 안에 있기만 하면 실수나 실패도 결국 합력하여 선을 이루게 된다는 것입니다. 로마서 8장 28절

도망자 야곱 앞에 펼쳐진 벧엘의 축복이야말로 바로 그 증거입니다.

언약의 하나님을 만난 야곱, 그는 자신이 어디에 있던 그 곳이 바로 하나님 나라요, 하나님의 전인 것을 알았습니다.

우리가 있는 그 곳, 학교든 직장이든 가정이든 그 모든 곳이 바로 하나님이 통치하시는 하나님의 나라입니다.

우리가 서있는 바로 그 곳이 하나님 나라의 관문이라고 생각할 때 우리의 삶에 깊이 베어있는 두려움은 사라집니다.

앞일을 알 수 없는 도망자 야곱을 가장 괴롭힌 것은 두려움이었을 것입니다.

형의 복수도 두려움의 대상이지만, 당장 먹고 사는 문제도 피할 수 없는 두려움입니다.

믿음의 반대말은 의심이 될 수도 있고 불신앙이 될 수도 있습니다. 그러나 성경적인 믿음의 반대말은 두려움입니다.

아담과 하와가 에덴동산에서 하나님과 교제하며 동행할 때는 두려움을 몰랐습니다.

그러나 사단의 육신적 충동질에 속아 하나님의 법을 어긴 불순종 가운데, 하나님을 떠나 수풀 뒤에 숨어버린 아담에게 찾아온 첫 감정은 두려움이었습니다.

'아담아 네가 어디 있느냐.'

'내가 벗었으므로 두려워 숨었나이다.' 창세기 3장 9~10절

이 두려움은 하나님의 절대주권 앞에서 느끼는 경외심과는 다른 것입니다.

사단이 심어준 두려움 때문에 우리는 우상이나 미신에 빠지기도 하고 불건전한 신비주의에 따라 자꾸만 육신적으로 하나님을 체험해보려 몸부림칩니다.

날 새워가며 철야기도 한다고 하나님을 체험할 수 있는 것이 아닙니다.

산으로 들로 돌아다니며 서 너 시간 씩 방언으로 기도하고 금식기도를 밥 먹듯 한다고 해서 체험적 신앙을 갖게 된다고 생각한다면 이 또한 심각한 착각입니다.

이미 말씀이 육신이 되어 우리 가운데 오신 예수 그리스도를 영접하면 성령께서 우리와 함께 하심으로 우리 자신이 곧 하나님의 성전이 됩니다. 요한복음 1장 12절, 14절, 고린도전서 3장 16절

성전의 주인 되신 예수 그리스도를 우리 생각의 주인으로, 삶의 주인으로, 마음의 주인으로, 산업의 주인으로, 가정과 가문의 주인으로 모셔드릴 때, 우리 안의 두려움은 사라지고 야곱이 누렸던 벧엘의 축복이 시작됩니다.

하나님이 주신 모든 것에 십의 일을 반드시 하나님께 드리겠다는 서원으로 야곱은 거부가 되어 고향으로 돌아갑니다.

고독한 도망자 야곱, 고달픈 인생 여정 속에서도 언약 잡고 꿈꾸었던 그 돌베개는 마침내 축복의 발판이 되었습니다.

G e n e s i s

낭만주의자,
야곱의 엉뚱한 사랑

Gospel from The beginning

낭만주의자,
야곱의 엉뚱한 사랑

영적 전쟁이 치열하면 치열할수록 육신적 안위를 요구하는 사탄의 요구는 더욱 강렬해집니다. 인간적인 위로라는 날개를 달고 날아와 푸근히 온 몸을 감싸 안으면서, 동시에 영적인 민감성을 슬며시 빼앗아 가는 흑암세력은, 독을 품은 달콤한 열매처럼 단 맛 뒤에 고통과 실패를 동반합니다.

낭만주의자, 야곱의 엉뚱한 사랑

Gospel from The beginning

하늘에 별이 있다면, 땅에는 꽃이 있고……, 사람에게는 사랑이 있다고 합니다.

그 사랑에 야곱이 푹 빠졌습니다.

인류에게 찾아 온 원죄의 문제를 해결하기 위해 이 땅에 오실 메시아 – 그리스도에 대한 하나님의 약속을 장차 이루어갈 언약의 계승자로서, 장자의 축복을 놓치지 않으려는 일념 하나로 형, 에서를 속여서 까지 장자권을 훔쳐서 도망친 야곱, 그 고독한 도망자의 길에서도 하나님의 사닥다리로 소통의 비밀을 놓치지 않았던 그가, 아리따운 한 여인을 만나는 순간, 언약의 줄기를 벗어난, 엉뚱한 사랑의 덫에 걸리고 말았습니다.

야곱의 로맨스는 신기하게도, 자신의 어머니 리브가가 할아버지 아브라함이 보낸 신실한 종 에벤에셀을 만났던 바로 그 우물에서, 라헬이라는 여인을 만남으로 시작됩니다.

이름이 말해주는 의미 그대로, 암양처럼 사랑스럽고, 양털같이 보드랍고 푸근하고 눈부시게 아름다운 그녀에게 다가가, 그

는 키스하고 울음을 터뜨리고, 그리고 깊은 사랑에 빠지고 말았습니다. 창세기 29장 11, 20절

그리하여 삼촌 라반의 집에서 시작되는 이 십 여년의 험악한 인생 서곡은, 과정이야 어찌 됐던 일단, 기다림의 칠 년이 수 일 같은 설렘으로 장식된, 한 편의 서정시가 되었습니다.

브엘세바에서 하란까지 팔백 킬로미터를 걷고 뛰었던 여정 가운데, 벧엘에서 체험한 하나님의 임재가 그로 하여금 소망과 용기를 갖게 하여 발과 발목에 힘을 주었을 것입니다.

그러나 여전히 남아있는 옛 체질, 하나님을 믿기보다는 끊임없이 머리 쓰는 그의 인본주의 기질은 아마 언뜻언뜻 두려움과 고독을 몰고 와 그의 발목을 잡기도 했을 터입니다.

벧엘에서 하나님을 만나고 그 감격으로부터 온 믿음은 생명을 부지할 마지막 기름병까지도 아낌없이 주께 드리는 비장함이 있었습니다.

그 비장한 믿음은 자신과 동행하는 하나님의 임재와 더불어, 미래를 축복하시고 상 주실 하나님에 대한 깊은 신뢰에서 비롯된 것 이었을 뿐 아니라, 메시아, 곧 그리스도의 언약이 아니고는 절대 소유할 수 없는 것입니다. 히브리서 11장 6절, 로마서 10장 17절

이 언약을 안고 달려오는 고독한 여정 속에서 무시로 공격하는 불신앙과의 싸움은 바로 자기 자신과의 싸움이면서 동시에 자신을 두르고 있는 환경과의 싸움입니다.

이렇듯 불신앙과 신앙 사이를 오가는 자신과의 처절한 싸움, 그 싸움 끝에는 그냥 쉬고 싶은 유혹이 찾아올 수 있습니다.

영적 전쟁이 치열하면 치열할수록 육신적 안위를 요구하는 사단의 요구는 더욱 강렬해집니다.

인간적인 위로라는 날개를 달고 날아와 푸근히 온 몸을 감싸 안으면서, 동시에 영적인 민감성을 슬며시 빼앗아 가는 흑암세력은, 독을 품은 달콤한 열매처럼 단 맛 뒤에 고통과 실패를 동반합니다.

야곱이 낳은 열 두 아들 중, 동생 라헬이 아닌, 언니 레아가 낳은 넷째 아들 유다와 그 지파를 통해 메시아, 그리스도가 이 땅에 오시는 것이 창세로부터 감추어진 하나님의 비밀이요, 계획이었습니다. 그러나 그는 육신적 기준에 매여 영적인 통찰력을 잃어버림으로써, 가시품은 장미처럼 일생을 아프게 할 한 여인에게 눈이 멀어버린 것입니다.

어머니 리브가의 태에서부터 언약을 움켜쥐었던 승리자 야곱이 인간적 사랑 앞에서 원죄적 체질의 '한 남자'로 돌아간 순간, 그는 하나님의 임재 곧, 성령의 인도를 놓쳐 버립니다.

성경은 말합니다.

'어떤 길은 사람의 보기에 바르나 필경은 사망의 길이니라.' '너는 마음을 다 하여 여호와를 의뢰하고 네 명철을 의지하지 말라…… 스스로 지혜롭게 여기지 말찌어다 여호와를 경외하며 악을 떠날찌어다.' 잠언 14장 12절, 잠언 3장 5, 7절

영적인 민감성을 잃어버린 채, 영적인 축복을 육신적인 충동으로 바꿔버린 야곱은 라헬을 아내로 얻기 위해 무려 십 사년 세월을 종살이로 낭비합니다.

그런데 그 세월 또한 만만치 않아서 삼촌 라반의 속임수에 시달리는 것은 물론, 사랑하지만 잉태하지 못하는 라헬의 끊임없는 질투와, 사랑하지 않으나 하나님의 총애를 입고 있는 또 하나의 아내 레아의 끈질긴 경쟁심으로 머리가 돌아버릴 지경입니다.

레아라는 이름 그대로 암소 같은 덩치에다가 소 같이 큰 눈이 늘 멍해 있으니dull eyes -NLT 어떤 남자인들 좋아하겠느냐고 항변하면 할 말이 없지요.

그런 레아가 싫다는데……, 칠 년을 수일 같이 여기며 힘든 일 마다하지 않고 기다려온 라헬과의 첫 날 밤, 기다리고 기다리던 그 환상의 밤에, 굳이 암소 같은 레아를 신방에 밀어 넣고도 낯빛 하나 흔들리지 않은 채, 또 한 번의 칠 년 봉사라는 협상 카드를 염치없이 내미는 삼촌 라반의 속임수는, 야곱의 사기성을 능가하고도 남을 만큼 영악합니다.

그런데 더욱 가관인 것은 하나님도 웃으실 두 사람의 잔머리 싸움입니다.

곱고 아리따운 얼굴에 균형 잡힌 몸매를 가진 Rachel was beautiful in everyway, with a lovely face and shapely figure Gen 29:17 -NLT 라헬과 덩치 큰 레아를, 단지 방 안이 깜깜해서 구분하지 못했다는 야곱의 변명에는 좀 설득력이 부족합니다.

아마도, 에라 모르겠다, 이 기회에 둘 다 차지하고 보자는 속셈이었을지도 모르지요.

사건의 전말이야 어찌됐든, 두 사람의 잔머리 싸움과 상관없이 하나님의 역사는 진행됩니다.

하나님은 사랑받지 못하는 레아를 위해 먼저 태문을 여시고 네 아들을 주십니다. 르우벤. 시므온, 레위, 그리고 유다입니다.

이들 이름을 통해서 우리는 레아의 한 맺힌 믿음이 하나님 앞에서 성숙해 감을 미루어 짐작할 수 있습니다.

첫 아들을 낳고 그녀는 르우벤이라 이름을 지어 부르며 뽐냅니다. '보아라, 아들이다' 라헬의 질투를 촉발시키는 비아냥과 더

불어 이제는 남편의 사랑을 쟁취할 거라는 기대감이 섞여 있습니다.

그런데 이 기대와는 달리 여전히 야곱의 마음은 동생 라헬에게 있습니다. 그래서 그녀는 하나님 앞에 다시 엎드려 호소하였고 '하나님이 들으셨다'고 고백하며 둘째의 이름을 시므온이라 부릅니다.

하나님의 음성을 들었다 함은 하나님을 만났음을 의미합니다.

하나님을 만나는 순간, 레아는 남편에 대한 원망과 라헬을 향한 질투로부터 벗어나 '연합하리라' 결단하고 그 다음에 얻은 아들의 이름을 레위라 짓습니다.

사람으로부터 오는 상처와, 현실적 상황으로부터 오는 갈등으로부터 벗어나 모든 것을 수용하고 포용하는 그리스도의 마음, 그것은 곧 연합의 마음입니다.

사단의 최고 전략은 이간질입니다.

하나님과 우리 사이의 연합을 깨는 것은 물론, 서로 사랑하고 아껴야할 사람과의 연합을 깨는 사단의 세력은 그때나 지금이나 배고파 포효하는 사자처럼 삼킬 자를 찾아다닙니다. 베드로전서 5장 7~9절

이 사실을 알고 자신과 환경과 그리고 사단의 세력을 산산이 무너뜨리는 영적 싸움을 통해, 레아, 그녀는 드디어, 자신의 배가 복된 배가 되어 메시아로 이 땅에 오실 예수 그리스도의 조상을 잉태하는 축복을 누립니다.

바로, 넷 째 아들 유다를 낳고 그녀는 노래합니다. '이제는 내가 여호와를 찬송하리로다.'

레아의 마음을 치유시키고 그 믿음의 수준을 최고 수준으로

끌어올리는 하나님의 작업 속에서, 라헬은 끊임없이 쟁쟁거립니다.

'나에게 아들을 줘요, 그렇지 않으면 죽어 버릴 거예욧!' 'Give me sons or I'll die!'

그러자 야곱이 노했습니다.

'내가 하나님이요? 내가 당신의 태문을 막은 하나님이라도 된단 말이요?' 'Am I God? Am I the one who refuged your babies?' Gen 30:1~2 The Message

그럼에도 불구하고 하나님은 라헬을 불쌍히 여겨 두 아들 요셉과 베냐민을 주시지만, 요셉을 각별히 사랑한 야곱은 아들을 잃었다고 생각한 그 순간부터 고통의 시간을 보내야 했고, 라헬은 베냐민을 낳다가 심한 고통 가운데 '내 고통의 아들'이라 부르며 가나안으로 가는 길목에서 죽어갑니다.

성경은, 야곱과 애증으로 얽힌 두 여인의 불꽃같은 삶을 이렇게 마무리합니다,

'라헬이 죽으매 에브랏 곧 베들레헴 길에 장사 되었고……'
'……, 야곱이 아들들에게 명하여 가로되 내가 내 열조에게 돌아가리니 나를 헷 사람 애브론의 밭에 있는 굴에 우리 조상들과 함께 장사하라. 이 굴은 가나안 땅 마므레 앞 막벨라 밭에 있는 것이라 ……, 아브라함과 그 아내 사라가 거기 장사 되었고 이삭과 그 아내 리브가도 거기 장사되었으며 나도 레아를 그 곳에 장사하였노라.' 창세기35장 19절, 창세기 49장 29~31절

Genesis

하나님도 웃게하는 축복덩어리

야곱 Jacob

Gospel from The beginning

하나님도 웃게하는 축복덩어리
야곱 Jacob

하나님의 시간표와 축복은 때로 고난이라는 껍질로 위장하고 찾아옵니다. 삼촌 라반과 그의 아들들을 통해 핍박이 조여 와 도망치는 것 같지만 야곱을 향한 하나님의 계획은 가나안 복귀, 곧 메시아, 그리스도가 나실 언약의 땅, 축복의 땅으로 돌아가라는 것이었습니다.

현실 속에 펼쳐지는 상황들이 불리하게 전개된다 할지라도 언약의 사람들이 놀라거나 실망하지 말아야 할 이유가 여기에 있습니다.

하나님도 웃게하는 축복덩어리

야곱 Jacob

첫눈에 반한 여인 라헬을 불같이 사랑하여 칠 년 노예 살이를 칠 일같이 해치우고, 그도 모자라 사랑 없이 정으로 사는 레아를 내칠 수 없어 기꺼이 칠 년을 더 해, 기나긴 십 사 년 동안, 이기주의자 삼촌 라반의 노동착취를 그저 말없이 견뎌 온 야곱의 마음은 한이 맺혀 뭉그러져 있었을 것입니다.

열 번씩이나 품삯을 속이는 삼촌의 간교한 술수, 시기와 질투로 끊임없이 시비를 붙는 두 여인, 거기에 그녀들의 하녀 둘 까지 합세하여 쟁쟁거리는 피곤한 가정사, 머리를 싸매고도 남을 험악한 환경에도 불구하고, 집 떠나와 오래도록 양치기 목동이 되어 자연과 더불어 살아온 야곱의 영혼에는, 유프라테스 강을 끼고 도는 구릉을 따라 줄줄이 늘어선 나무들과 그 나무들 사이로 무리져 풀을 뜯는 양들의 행렬 속에서, 체질적으로 타고 난 낭만과 세미한 감성, 그리고 환란 중에 벧엘에서 만나 주셨던 하나님에 대한 신뢰, 그로부터 비롯된 성실함이 깊숙이 배어있었습니다.

영특함과 정직함으로 일한 그의 공력과, 배후에서 일하시는 하나님의 은혜로 삼촌의 재산은 번성하여 떼를 이루었으나 어느새 구십 세가 넘어버린 자신의 소유는 이렇다 할 것이 없는 상황에서, 라헬의 몸을 통해 마침내 요셉을 얻은 야곱은 가족을 데리고 가나안 고향 본토로 돌아가기를 소원하지만, 확실하게 경제적 가치가 있는 조카를 호락호락 놓아줄 삼촌이 아닙니다.

라반은 비열한 웃음 속에 계산속을 감추고 재협상을 시도합니다.

'......, 여호와께서 너로 인하여 내게 복 주신 것을 내가 알았노니, 네가 나를 사랑스럽게 여기거든......, 네 품삯을 정하라 내가 그것을 주리라.' 창세기 30장 27~28절

이미 여러 차례 속은 바 있는 야곱은 그동안의 경험과 재치를 발휘하여 삼촌이 생각하기에 터무니없다할 만큼, 자신에게 불리한 조건을 제시합니다.

현재 있는 양이나 염소 중 아롱진 것 검은 것은 다 가려내 삼촌이 가져가면, 그 나머지를 자신이 치되, 하얀 것들 중에 아롱이다롱이 점박이 양이나 염소가 나오면 자신의 소유로 하겠다는 것이었습니다.

양치기 양 자도 모르는 사람이 들어도 말이 안 되는 계약조건이지만, 약삭빠른 라반은 그나마 아롱이다롱이들을 빼내서 자신의 아들들에게 주어 야곱의 남은 가축들과 사흘 길 쯤 먼 곳으로 보내버립니다.

말하자면 야곱의 가축들 중 단 일 퍼센트도 아롱진 것들과 교미할 기회를 주지 않음으로, 아롱이다롱이 검은 것의 씨를 말리리라, 야비하게 잔머리를 쓴 것입니다.

이때부터 야곱의 유전자 변이 작전이 본격적으로 시작되는데, 그 방법이 하도 희한해서 하나님도 웃으실 정도입니다.

실제로 라반의 계략과 야곱의 고군분투를 하나님도 흥미롭게 지켜보셨습니다. 창세기 31장 11~12절

인류 최초의 생물학자, 야곱의 아롱이다롱이 유전자변이 전략은 이렇게 전개됩니다.

야곱은 버드나무 살구나무 플라타나스 나무들의 푸른 가지를 취하여 껍질을 벗기고 흰 무늬를 알록달록 만들어서 하얀 양들이 와서 먹는 물구유에 세워 놓았습니다.

그런데 이게 웬일입니까.

알록달록 가지를 바라보며 수태한 튼실한 양들은 하나같이 아롱이다롱이 어린 양을 낳았습니다. 비실거리는 양들은 라반의 양으로 분류하여 껍질 벗긴 나뭇가지를 아예 쳐다보지도 못하게 하니 무늬가 없이 태어납니다.

극심하게 일교차가 바뀌는 하란 땅에서, 낮에는 땅이 갈라질 정도의 폭염이 내리 쪼이고 밤에는 영하로 뚝 떨어지는 추위 속에서도, 눈 붙일 겨를도 없이 지내온 육 년 동안의 결실로 드디어 야곱은 거부가 되었습니다. 창세기 30장 43절, 창세기 31장 40절

그러자 라반의 안색이 변하고 그 아들들은 야곱이 아버지의 소유를 빼앗았다며 시비를 걸어옵니다.

이 때, 야곱은 자신의 아내 레아와 라헬을 양 떼가 있는 들로 불러 이렇게 고백합니다.

'내가 그대들의 아버지의 안색을 본 즉 내게 대하여 전과 같지 아니하도다. 그러할지라도 내 아버지의 하나님은 나와 함께 계셨느니라. 그대들도 알거니와 내가 힘을 다하여 그대들의 아버

지를 섬겼거늘 그대들의 아버지가 나를 속여 품삯을 열 번이나 번역하였느니라 그러나 하나님이 그를 금 하사 나를 해치 못하게 하셨으며……, 그대들의 아버지의 짐승을 빼앗아 내게 주셨느니라.' 창세기 31장 5~9절

이로써 야곱의 삶에 제 2의 도주 인생이 시작되었습니다.

그동안의 모든 소유를 챙겨, 라반이 양털을 깎으러 간 틈을 타 가만히 밧단아람을 떠났습니다. 어차피 고이 보내줄 라반이 아니니까요.

하나님의 시간표와 축복은 때로 고난이라는 껍질로 위장하고 찾아옵니다.

삼촌 라반과 그의 아들들을 통해 핍박이 조여 와 도망치는 것 같지만 야곱을 향한 하나님의 계획은 가나안 복귀, 곧 메시아, 그리스도가 나실 언약의 땅, 축복의 땅으로 돌아가라는 것이었습니다.

현실 속에 펼쳐지는 상황들이 불리하게 전개된다 할지라도 언약의 사람들이 놀라거나 실망하지 말아야 할 이유가 여기에 있습니다.

하나님의 약속은 신실합니다.

이십 여 년의 고달픈 노예 살이 속에서도 오직 그가 놓치지 않았던 벧엘의 하나님은 야곱에게 약속하신 근원적인 축복을 그대로 부어주셨습니다.

그것은 야곱의 행위나 인격과 상관없는 하나님의 절대적 사랑이고 은혜입니다.

하나님이 그의 사랑하는 자를 선택하는 기준은 오직 두 가지입니다.

메시아, 그리스도를 기다리는가.

그리고 그 메시아, 그리스도만이 자신의 인생 문제 뿐 아니라, 인류 전체의 근본 문제를 해결 해주실 유일하신 분임을 믿고 있는가.

그래서 예수님은 전통과 규례와 율법에 매여 자신들의 기준대로 메시아를 정죄하고 무시하는 유대인 바리새인, 종교 지도자들에게는 관심을 두지 않으시고, 사마리아의 이방 여인, 기구한 운명 속에서 어떻게 해야 메시아를 만나, 끝없이 목마른 자기 인생에 영원히 마르지 않는 생수의 강이 넘쳐흐를지……, 고민하고 기다리는 여인에게 찾아가신 것입니다. 요한복음 4장 4~42절

야곱이 그랬습니다.

때로 자기 꾀에 휘말려 도망자의 신세가 되기도 하고, 엉뚱한 사랑에 빠져 시간낭비 하는 것 같기도 하고, 잔꾀를 써서 아롱이 다롱이 만들어 내는 것 같지만, 결정적인 순간마다 그리스도, 메시아 앞에 무릎 꿇는 그의 경외심과 더불어, 단을 쌓고 여호와의 이름을 부르는 피의 예배, 아브라함의 하나님, 이삭의 하나님께 드려졌던 언약적 예배가 아니고는 절대로 하나님이 받으시지 않으신다는 유일성 신앙은……, 그를 축복덩어리로, 언약의 성취자로, 하나님과 겨루어 이기고도 남을 승리자로 거듭나게 하는데 충분한 것입니다.

행여 요셉에게 장자권을 줄 수 있지나 않을까 해서 엉뚱한 꾀를 쓴 라헬이 훔친 드라빔을 빌미 삼아, 야곱의 귀향길을 저지하러 칠일 밤낮을 추격해온 라반을 향해 하나님은 '선악 간, 야곱에게 무슨 짓을 하던 조심하라' 'Be careful what you do to Jacob, whether good or bad.' Gen 31:24 The Message 고 오히려 따끔하게 경고하십니다.

왜 하나님은 야곱만을 편애하느냐고 묻는다면, 참 어리석은 질문입니다.

이미 어머니 리브가의 태에서부터 언약으로 오실 메시아, 그리스도가 아니고는 축복의 길이 없음을 알고 형, 에서의 발뒤꿈치를 잡고 늘어질 만큼 언약적 한이 있었던 야곱, 고독한 도망자의 길에서도 하나님을 찾고 사랑했던 그를……, 어떻게 버려 둘 수 있을까요, 하나님께서.

생사生死의 기로에 선 야곱 - 마침내, 신앙의 절정에 서다

Gospel from The beginning

생사生死의 기로에 선
야곱 - 마침내,
신앙의 절정에 서다

엉덩이뼈가 어긋날 정도로 그는 밤새 치열하게 기도하였습니다. 하나님 앞에서의 생명 건 기도는 하나님을 만나는 기적을 낳습니다. 야곱의 씨름은 자기 자신과의 싸움이었습니다.

생사生死의 기로에 선 야곱 - 마침내, 신앙의 절정에 서다

Gospel from The beginning

요단으로 흘러드는 길르앗의 푸른 강, 얍복 강 나루터에서 야곱의 생명 건 기도, 하나님 앞에서의 진솔한 기도는 고독하게 시작 되었습니다.

이십 여 년의 한 맺힌 타향살이 속에서도 그가 목숨처럼 놓치지 않았던 하나님의 약속 - 벧엘에서 맛 본 하나님의 임재와 축복의 언약은, 시시때때 잔머리 쓰는 그의 불신앙과, 영성을 넘어서는 지나친 감성, 그리고 삶과 죽음의 갈림길에서 두려움에 떠는 나약함에도 불구하고 그를 인생의 승리자로 신실하게 이끌어 주었습니다.

이름 그대로 희대의 사기꾼 야곱은, 형 에서의 장자권을 어이없는 팥죽 한 그릇으로 빼앗아 도망친 후, 가슴 깊이 두려움을 안고 살았지만, 그 두려움마저도, 약속의 땅 가나안으로 돌아가리라는 그의 꿈을 이기지는 못했습니다.

그의 의지와 상관없이 언약을 이루시는 하나님의 강권하심이 그의 영혼 속에서 일하셨기 때문입니다.

어쨌든, 삼촌 라반과 평화협정을 맺고 떠난 야곱의 가족과 가축의 행렬이, 성질 급한 에서가 사 백 명의 군사를 거느리고 분노의 칼을 휘두르며 달려오는 세일 땅 에돔 들판을 향해 진행하고 있을 때, 야곱의 인격과 성품, 수준과 상관없이 그를 사랑하신 하나님께서는, 지친 여정의 길목에 하나님의 천사를 보내 위로하십니다. 창세기 32장 1~2절

이를 본 야곱은 그 곳을 '하나님의 군대' 즉 '마하나임'이라 이름 지어 불렀음에도 불구하고, 뼈 속 깊이 물든 그의 잔머리 체질은 또 다시 자기 꾀를 쓰기에 급급해 집니다.

성경은, 문제 앞에서 잔꾀를 써봤다가, 기도를 해봤다가, 어리둥절 갈팡질팡 허둥대는 야곱의 모습을 여과 없이 담담하게, 한 편으로는 긍휼한 듯, 오늘날 비슷한 처지의 우리들에게 보여주고 있습니다.

하늘 군대의 동행과 보호를 보고도 두려워진 야곱은 형에게 심부름꾼을 보내어 자신의 소유와 권속이 많음을 알리고 너그럽게 보아 은혜를 베풀어달라고 부탁하도록 해 보았습니다. 하지만 요지부동인 형 에서가 살기 등등 달려온다는 말을 전해들은 야곱은 심히 답답하여 두려움에 벌벌 떨고 있다가 '자신의 모든 소유를 두 떼로 나누어 에서가 한 떼를 치면 남은 한 떼는 피하리라,' 일단 잔꾀를 써 봅니다. 창세기 32장 3~7절

그러나 자신의 계략이 충분하지 않다고 여겼는지, 여전히 불안한 마음을 다스릴 길이 없는 야곱…… , 이제는 조상들 이름까지 끌어다가 하나님께 들이밀며 약속을 지키시라고 닦달이니 밉기도 하고 뻔뻔하기도 하고 어이없어 웃음이 나올 지경입니다.

'나의 조부 아브라함의 하나님, 나의 아버지 이삭의 하나님 여호와여, 주께서 전에 내게 명하시기를 네 고향, 네 족속에게로 돌아가라 내가 네게 은혜를 베풀리라 하셨나이다.

나는 주께서 주의 종에게 베푸신 모든 은총과 진리를 조금이라도 감당할 수 없사오나 내가 내 지팡이만 가지고 이 요단을 건넜더니 지금은 두 떼나 이루었나이다. 내가 주께 간구하오니 내 형의 손에서 에서의 손에서 나를 건져 내시옵소서 내가 그를 두려워하옴은 그가 와서 나와 내 처자들을 칠까 겁냄이니이다.

주께서 말씀하시기를 내가 정녕 네게 은혜를 베풀어 네 씨로 바다의 셀 수 없는 모래와 같이 많게 하리라 하셨나이다.'
창세기 32장 9~12절

하나님 앞에서, 하나님과 조상들의 이름을 걸고 응답하시라고 감히 협박하듯 들이댔던 기도에도 확신이 서지 않은 야곱, 그의 필사적인 계략은, 이리뒤척 저리뒤척 잠 못 이루는 하루 밤을 보낸 후 더욱 치밀하고 비겁해집니다.

형 에서의 불같은 성질을 잘 파악하고 있던 그는 두 떼로 나누었던 무리를 여러 떼로 나누어 길게 늘여 놓되, 가장 좋은 가축을 추려내어 떼의 맨 앞에 놓아둡니다.

거기에다 떼와 떼 사이의 거리를 길게 두게 하여 시각적으로는 소유가 더욱 많아 보이게 하고, 심리적으로는, 긴 거리를 오던 중 형의 나쁜 성질이 누그러지지 않을까 기대해 봅니다.

그리고는 종들에게 단단히 일러두는 것을 잊지 않습니다.

'그것을 각각 떼로 나눠 종들의 손에 맡기고……, 그가 또 앞선 자에게 부탁하여 가로되 내 형 에서가 너를 만나 묻기를 네가 뉘 사람이냐 어디로 가느냐 네 앞엣것은 뉘 것이냐 하거든 대답하기를 주의 종 야곱의 것이요 자기 주 에서에게로 보내는 예물이오며 야곱도 우리 뒤에 있나이다 하라하고 그 둘째와 세째와 각 떼를 따라가는 자에게 부탁하여 가로되 너희도 에서를 만나거든 곧 이같이 그에게 고하고 또 너희는 말하기를 주의 종 야곱이 우리 뒤에 있다 하리니 이는 야곱의 생각에 내가 내 앞에 보내는 예물로 내 형의 감정을 푼 후에 대면하면 혹시 나를 받음이라 함이었더라.' 창세기 32장 16~20절

완벽하게(?) 머리를 쓰고 나서도, 또 한 번의 잠 못 이루는 밤을 뒤척이던 야곱은 밤중에 일어나 두 아내와 두 여종과 열 한 명의 아들을 깨워 얍복 강 나루터를 앞서 건너가게 합니다.

사랑하는 모든 이들……, 이십 여 년의 외로운 종살이를 위로해 줬던 피붙이들, 살인적인 더위와 살을 에이는 추위로 괴롭혔던 밤낮을 쉬지 않고 몸을 던져 이루어 낸 재산들.

죽음 앞에서는 모두 다 덧없는 것입니다.

삶과 죽음의 갈림길에서, 이제 복수의 칼날 아래 허무하게 스러져 가야할 자신과 가족의 무기력한 목숨을 두고, 그는……, 고향을 등지고 도망치던 벧엘에서의 기도 이후로는 처음으로, 진솔하게 하나님 앞에서 무릎을 꿇습니다.

엉덩이뼈가 어긋날 정도로 그는 밤새 치열하게 기도하였습니다. 하나님 앞에서의 생명 건 기도는 하나님을 만나는 기적을 낳습니다.

야곱의 씨름은 자기 자신과의 싸움이었습니다.

뱃속에서부터 이미 언약의 계승자로, 하나님 나라를 소유할 하나님의 자녀로 부르심을 받아, 하나님의 보장 가운데 있었던 자신의 가치와 정체성을 잃어버리고 땅의 것에 얽매여 기구한

운명적 체질로 살아왔던 자신의 모습, 하나님의 절대주권을 믿지 못하고 끊임없이 자신의 기준과 의로 살아왔던 불신앙과 싸웠습니다.

그리고 자신을 두렵게 하는 존재, 하나님과 자신을 분리시키고, 형 에서와 자신의 관계를 분쟁으로 몰고 가, 인생 전체를 도적질하고 파괴시키는 바로 그 사단의 존재에 대해 영적인 민감성을 회복하여, 다가올 미래와 사람 앞에서 두려움 없이 당당하게 도전하고 맞설 수 있는 힘을 갖기위한 영적전투였습니다.

이 모든 잃어버린 것들을 되찾아오고, 무너졌던 것을 일으켜 세우는 길은 오직 성령 충만, 메시아 되신 그리스도, 하나님께로서만 공급 된다는 믿음을 가지고 있던 야곱,

그래서 그는 그 힘을 달라고 하나님과 겨루었던 것입니다.

그런 야곱을 향해 하나님은 묻습니다.

"네 이름이 무엇이냐."

"야곱이니이다."

"네 이름을 다시는 야곱이라 부를 것이 아니요 이스라엘이라 부를 것이니 네가 하나님과 사람으로 더불어 겨루어 이겼음이니라." 창세기 32장 28절

하나님은 야곱의 이름을 몰라서 물으신 것이 아닙니다.

생사의 갈림길에서 한 맺힌 기도로 끈질기게 간구하는 그의 기도는 하나님을 감동시켰습니다. 그래서 그의 인생 여정 속에서 완벽하게 삶의 스타일을 바꾸도록 촉구하신 것입니다.

'사기꾼으로 살지 말고, 승리자로 살거라.'

하나님을 감동시키는 길은 오직 기도 밖에 없습니다.

자신을 묶고 있는 불신앙, 사단으로부터 길들여지고 강화된 체질과 기질, 사단이 만들어 내는 교묘한 환경, 그리고 이 모든 것의 배후에 똬리를 틀고 앉아 역사하는 마귀의 머리를 여인의 후손 예수 그리스도의 이름으로 밟아버리는 창세기 3장 15절 영적 전투……

하나님, 우리 주 예수 그리스도의 이름으로 드려지는 이 강력한 기도를 집중적으로 지속할 때 하나님도 감격하시고 사람도 감격합니다.

그래서 야곱은 이런 응답으로 인생의 절정을 맞이합니다.

'……, 에서가 달려와서 그를 끌어안았다. 에서는 두 팔을 벌려 야곱의 목을 끌어안고서 입을 맞추고 둘은 함께 울었다.'

창세기 33장 4절 표준 새 번역

Genesis

디나를 사랑한 세겜의 슬픈 사랑이야기

Gospel from The beginning

디나를 사랑한 세겜의
슬픈 사랑이야기

원수 갚기는 하나님 손에 맡겨야합니다. 하나님의 절대주권을 믿지 않는 인본주의는 심각한 후유증을 낳습니다.

디나를 사랑한 세겜의 슬픈 사랑이야기

Gospel from The beginning

야곱의 딸 디나를 하몰의 아들 세겜이 사랑하면 죄가 되나요……

답은 – 죄를 넘어 멸망입니다.

하나님은 사랑이신데…… 설마?

이유는 이렇습니다.

디나를 사랑한 세겜…… 그는 하나님을 알지도 못하고 만나지도 못하고 믿지도 않는, 하나님의 관심 밖 인물입니다.

그뿐 아니라 하나님을 무시하여 이방신을 섬기는 자요, 육신적 반응과 충동에 따라 일단 자신의 욕심부터 챙기고 보는 이기주의자에다가 사랑을 미끼로 남의 재물을 탐하는 욕심쟁이입니다.

이런 남자는 사랑이 아니라 더한 것을 해도 하나님의 긍휼을 얻지 못합니다.

그것은 이미 하나님이 원하시는 사랑, 하나님의 속성인 그 사랑과는 동이 서에서 먼 것처럼 먼 것이기 때문입니다.

사건의 전말은 이렇습니다.

하나님의 사람 야곱……, 장차 우리 인생 모든 문제의 해결자로, 우리의 구원자로 오실 메시아 – 그리스도의 언약을 계승할 거룩한 혈통인 야곱은, 때때로 하나님의 절대주권을 인정하지 않는 잔머리 인본주의로 인해 비록 험악한 인생길 가운데 있었다 할지라도, 인생의 긴박한 문제 앞에서 항상 단을 쌓고 여호와의 이름을 부르는 예배의 사람이요, 기도의 사람이었습니다.

용맹한 군사 사백 명을 거느리고 복수심과 증오에 불타 달려오는 형, 에서의 행군을 얍복 강가에서의 생명 건 기도로 순적히 막았을 뿐 아니라, 오히려 형으로부터 화해의 포옹을 받아내는 승리의 증인이기도 했습니다.

게다가 이스라엘이라는 새 이름을 받고 '엘엘로헤 이스라엘', 즉 강하신 하나님, 이스라엘의 하나님이라는 신앙 고백을 이방의 땅에서도 당당히 선포한 전도자였습니다.

그런 그에게도 엉뚱한 사랑에 빠져 헤매고 있었던 시기가 있어, 하나님이 맺어 준 아내 레아는 제쳐둔 채, 이방신인 드라빔을 가슴 깊숙이 감추어놓고 늘 쟁쟁거리는 라헬과 사랑에 빠져서 이 십 일 년 세월을 시달리며 허비하고 있었던 그 때, 레아의 배를 통해 얻은 여섯 명의 아들 중, 유일하게 얻은 양념 딸이 디나입니다.

그런 디나가 온갖 세상 문화의 화려함에 호기심이 생겨, 타락에 물들여진 히위족속 이방여자들을 구경 나갔다가 그만, 하몰의 아들, 그 땅의 추장인 세겜의 호기어린 눈에 딱 걸려서 강간을 당한 채 억류되고 말았습니다.

워낙 육신적 반응에 따라 사는 것이 이상할 것도 죄 될 것도 없는 세겜의 행위는 그 쪽 기준에 의하면 크게 나무랄 것도 없습니다.

책임 안지겠다는 것도 아니고 너무나 사랑해서 결혼하겠다고 오히려 애걸복걸하니 적어도 나쁜 남자는 아니지요.

성경은 그의 사랑이 얼마나 절절한지 여러 차례에 걸쳐서 설명하고 있습니다.

'그는 야곱의 딸 디나에게 마음을 빼앗긴 채 사랑에 빠져 그녀에게 사랑을 호소하였다' Gen 34:3 – Then he felt a strong attraction to Dinah, Jacob's daughter, fell in love with her and wooed her – The Message

'하몰이 그들에게 말했다 '나의 아들 세겜이 댁의 따님을 너무너무 사랑합니다.' Gen 34:8 My son Shechem is head over heels in love with your daughter The Message

'그 젊은이는 시간을 지체하지 않고 그들이 제안한 것을 실천으로 옮겼다, 그만큼 그는 야곱의 딸을 좋아하였다.' 창세기 34장 19절 표준 새 번역 The young man was so smitten with Jacob's daughter······ The Message

사실 여기서 말하는 'smitten'은 홀딱 반한 것을 의미합니다.

나름대로 히위족속의 존귀한 자인 세겜이라 할지라도 사랑 앞에서 모든 것을 양보하고 항복하겠다는 의미로, 신랑으로서 정당한 값을 치룰 뿐 아니라 자신의 땅을 야곱의 권속들에게 내어주어 마음껏 차지하여 살라고 권유합니다.

세상적 기준으로 보면 뭐 그리 심판 받을 대단한 일이냐고 할 수도 있겠지만, 하나님의 기준으로는, 언약의 혈통을 무시하여 능욕하는 사단적 행위는 절대로 용납 될 수 없는 것입니다.

하나님은 하나님의 자녀를 지키시되 죽기까지 지키시고, 사랑하시되 끝까지 사랑하시는 분이시기 때문입니다. 이것이 바로 하나님의 특별 은총입니다.

어쨌든 디나의 강간사건 앞에서 야곱은 멀리 양 치러 간 아들들이 돌아올 때까지 가만히 침묵하고 있었습니다.

그러나 이에 소문을 들은 아들들은 노발대발하여 복수극을 꾸밉니다.

그들은 화친을 맺는 척, 타협하는 척, 하몰과 세겜에게 한 가지 조건을 내겁니다.

다름 아닌, 언약적 표시로서 히위 남자들 모두의 양피를 베는 할례를 받으라는 것이었습니다.

세겜의 입장에서 보면 그리 어려울 것도 없는 요구 사항인데다가 이 일이 제대로 성사만 되면 야곱의 가문이 가진 그 엄청난 재물이 자연스레 자기 땅의 소유가 되리라는 물밑 계산과 동기도 있어 흔쾌히 수락합니다. 창세기 34장 23절 세겜 땅 성문으로 출입하는 모든 남자들이 양피를 벤 지 삼 일에 미쳐 심히 고통스러울 그 때, 레아의 소생 디나의 오라비 시므온과 레위가 각기 칼을 가지고 그 성을 습격하여 하몰과 그 아들 세겜은 물론, 모든 남자들을 죽이고 양과 소와 나귀와 그 소유를 노략질 까지 한 후에 디나를 데려옵니다.

디나를 사랑한 죄로 멸절 당한 세겜의 스토리는 이렇게 막을 내리지만 그 후에 다가올 야곱 가문의 재앙은 상상하기조차 두려울 지경입니다.

다름 아닌 세겜 땅 주변의 가나안 족속과 브리스 족속이 연합하여 대군이 되어 쳐들어 올 것이 불 보듯 뻔하기 때문입니다.

원수 갚기는 하나님 손에 맡겨야합니다.

하나님의 절대주권을 믿지 않는 자기중심적 인본주의는 심각한 후유증을 낳습니다.

아버지 야곱의 인본주의와 어머니 레아의 영적 문제를 그대로 가지고 태어난 두 아들, 딸이야 말로 문제를 만들어내는 생산 공장입니다.

그래서 우리는 후대들에게 바른 언약을 전달해야합니다.

세속 문화의 타락을 이길 수 있는 원색적인 복음을 전달하지 못하면 디나처럼 세상에 던져져 망가지고 맙니다.

더불어 신앙의 색깔을 분명히 하여 그리스도 사상이 체질화 되고 습관화 되도록 도와주지 않으면 달콤하게 다가오는 온갖 유혹들을 이기지 못하고 혼합주의에 빠져버립니다.

좋은 것이 좋은 것이라는 애매한 종교사상에 끌려다님으로써 예수 그리스도 만이 유일한 구원의 길이요 축복의 길이라는 진리 앞에서 헷갈리고 맙니다.

게다가 할례라는 하나님의 방법을 자신의 유익과 동기에 따라 복수의 수단으로 삼은 야곱의 아들들처럼 복음을 이용하여 방종할 수 있습니다.

누구에게나 있는 영적인 문제, 곧 하나님을 떠나 죄 가운데 빠져 사단으로부터 강화된 원죄적 체질과 기질은, 창세기 3장 15절 여인의 후손으로 이 땅에 오셔서 사단의 머리를 깨뜨리신 예수 그리스도, 우리의 길이시고 진리이시며 생명이신 예수 그리스도, 그 이름의 권세를 힘입어 영적 싸움으로 붙지 않는 한, 해일처럼 밀려오는 이 세속문화와 재앙을 우리의 후대들이 이길 수가 없습니다.

그래서 예수님은 우리에게 지금 말씀하십니다.

'요한의 아들 시몬아 네가 나를 사랑하느냐 ……, 내 양을 먹이라.' 요한복음 21장 17절

또한, 우리의 실패와 실수 속에서 과거를 묻지 않으시는 하나님은 미래를 위해 이렇게 말씀하십니다.

'일어나 벧엘로 올라가라.' 창세기 35장 1절

Genesis

야곱의 하나님, 일어나 벧엘로 올라가라 하시네

Gospel from The beginning

야곱의 하나님,
일어나 벧엘로
올라가라 하시네

우리는 문제 앞에서 문제를 바라볼 것이 아니라 먼저 우리 자신의 믿음을 점검하고 개혁해야 합니다. '일어나 벧엘로 올라가라.' 이미 야곱에게 주셨던 벧엘의 은혜와 언약, 그리고 얍복 강 가, 인생의 위기 앞에서 승리를 약속하셨던 새 이름 – 이스라엘, 그 축복을 회복시키기 위한 하나님의 목소리가 우리를 향해 울려 퍼질 때, 오직 우리의 화답은 이것입니다. '어서 일어나 벧엘로 올라가자.'

야곱의 하나님, 일어나 벧엘로 올라가라 하시네

Gospel from The beginning

세겜에서의 잃어버린 십 년.

이방인의 땅, 세겜에서 야곱의 삶은 그의 인생길 가운데 또 하나의 험악한 상처를 남기고 말았습니다.

외동딸 디나가 강간을 당한 데 대한 참혹한 복수극이 막을 내리고, 다시 찾아 올 브리스족속과 가나안 족속의 피의 보복이 두려워, 극심한 공포와 회한과 죄책감으로 잠 못 이루는 야곱에게 하나님은 말씀하십니다.

'일어나 벧엘로 올라가라.'

실수와 실패 앞에서 지나간 일로 나무라지 않으시고 앞으로 다가 올 미래를 위해, 그리고 당장 해결해야할 현실 문제 앞에서 근본적인 해결책을 제시하시는 하나님의 선하심과 그 사랑은 우리의 수준이나 힘으로 측량할 수 없습니다.

벧엘로 올라가라 함은 개혁과 회복을 촉구하시는 하나님의 명령입니다.

형 에서를 속이고 장자권을 탈취한 후, 형의 추격이 두려워 도망치던 그의 고독한 여정 가운데 함께 하셨던 언약의 하나님, 그의 미래를 축복하신 하나님을 돌이켜 상기하고 그의 품으로 돌아오라는 강력한 하나님의 메시지인 것입니다. 창세기 28장 13~15절

무기력과 무능에서 빠져 나와, 홀연히 일어선 야곱의 개혁이 시작되었습니다.

우선, 집안에 도적같이 스며든 이방신상을 송두리째 버렸습니다. 창세기 35장 2절

이방의 문화와 타협하여 하나님의 아들과 사람의 딸이 혼합하여 만들어낸 네피림의 문화는 반드시 재앙을 불러 옵니다.

그것이 바로 노아시대의 홍수심판입니다.

가인의 후예들이 만들어낸 음란과 전쟁의 문화는 이방 신상 뒤에 그 정체를 숨긴 사단의 궤계입니다. 이런 문화 속에서 영적인 민감성을 잃어버리고, 메시아 곧 그리스도의 유일성을 상실하는 순간, 재앙은 홍수처럼 밀려옵니다.

이때 반드시 회복되어야 할 것이 예배입니다.

예배에 성공하면 삶에 성공합니다.

역으로 말하면 예배의 실패는 삶의 실패를 가져옵니다.

하나님이 기뻐하시는 예배는 경건의 모양만 갖춘 율법적 예배가 아니라, 경건의 능력을 가진 영적 예배요, 피의 예배입니다. 단을 쌓고 여호와의 이름을 부르는 것입니다.

믿음의 조상이며 우리의 열조인 노아와 아브라함과 이삭이 그랬던 것처럼.

더불어 사도 바울이 로마교회를 향하여 촉구한 진정한 예배 회복은 우리의 몸을 거룩한 산제사living and holy sacrifice로 드리는 것이었습니다. 로마서 12장 1절

이는 하나님이 기뻐하시는 영적 예배입니다.the kind He will accept-NLT

하나님이 인정하시고 받아주시는 유일한 예배는 바로, 예수가 그리스도로 이 땅에 오셔서 피 흘려 십자가에서 죽으시고 부활하심으로, 우리의 모든 죄와 저주를 해결하시고 사단의 머리를 밟아 버리심으로써 인생의 근본 문제를 완벽하게 해결하셨다는 믿음을 근거로 한 예배입니다. 로마서 8장 2절, 창세기 3장 15절, 요한복음 14장 6절

이렇게 드려지는 예배의 결과로써 우리는 하나님의 자녀 된 신분과 권세를 사실적으로 누리게 됩니다.

말하자면 예배의 회복은 이미 받아 놓은 구원의 축복을 회복하는 것이며 하나님과의 관계를 회복하는 것입니다.

'내가 산을 향하여 눈을 들리라 나의 도움이 어디서 올꼬, 나의 도움이 천지를 지으신 여호와에게서로다.' 시편 121편 1~2절

'야곱아 네가 어찌하여 말하며 이스라엘아 네가 어찌하여 이르기를 내 사정은 여호와께 숨겨졌으며 원통한 것은 내 하나님에게서 수리하심을 받지 못한다 하느냐 너는 알지 못하였느냐 듣지 못하였느냐 영원하신 하나님 여호와, 땅 끝까지 창조하신 자는 피곤치 아니하시며 곤비치 아니하시며 명철이 한이 없으시며 피곤한 자에게는 능력을 주시며 무능한 자에게는 힘을 더하시나니 소년이라도 피곤하며 곤비하며 장정이라도 넘어지며 자빠지되 오직 여호와를 앙망하는 자는 새 힘을 얻으리니 독수리의 날개 치며 올라감 같을 것이요 달음박질 하여도 곤비치

아니하겠고 걸어가도 피곤치 아니 하리로다.' 이사야 40장 27~31절

그런데 성경은, 창세기 3장 15절의 주인공으로 이 땅에 오신 예수 그리스도를 믿고 영접하지 않는 한, 하나님과의 관계회복이 절대로 불가능하다는 것을 밝히고 있습니다. 사도행전 4장 12절, 요한복음 1장 12~13절

따라서 모든 종교에 구원이 있다고 하는 종교 다원주의야말로 야곱의 가정에 전쟁과 재앙을 불러온 이방신상과 같은 것입니다.

야곱은, 하나님의 말씀에 순종하는 순간, 문제의 원인이 되었던 신상을 제거해 버린 것입니다.

개혁은, 하나님 떠나서 사단으로부터 길들여져 온 ,자신의 기준과 습관과 생각과 고집을 그리스도의 권세로 꺾어버리고 무너뜨리는 것으로부터 시작됩니다.

다음으로 야곱은, 자신은 물론 모든 가족들로 하여금 정결케 하고 의복을 바꿔 입으라고 지시했습니다.

축복 받은 자로서의 자세를 취하라는 것입니다.

앞을 못 보는 거지 바디메오가 예수님 앞에서 누더기 겉옷을 벗어 던졌듯이 불신앙으로부터 찾아온 눌림으로부터 자유와 해방을 누리라는 것입니다.

방종이 아닌 진정한 자유는 하나님의 말씀 안에 거하는 것으로부터 비롯됩니다, 요한복음 8장 31~32절

말씀이 육신이 되어, 만왕의 왕으로 이 땅에 오신 예수 그리스도, 그 안에 있는 무한한 비밀과 능력을 소유한 자로서 이 땅을 능히 정복하고도 남을 당당함과 여유로움이 묻어나는 옷, 이미 이겨놓고 싸우는 싸움 속에서 미래를 보장하시고 보상하실

하나님에 대한 강력한 신뢰와 하늘을 배경 삼는 천국 시민에게 걸 맞는 옷으로 바꿔 입으라는 것입니다.

멋진 아우라aura가 휘감아 도는 왕 같은 제사장의 옷으로…….

우리는 문제 앞에서 문제를 바라볼 것이 아니라 먼저 우리 자신의 믿음을 점검하고 개혁해야 합니다.

'일어나 벧엘로 올라가라.'

이미 야곱에게 주셨던 벧엘의 은혜와 언약, 그리고 얍복 강가, 인생의 위기 앞에서 승리를 약속하셨던 새 이름 - 이스라엘, 그 축복을 회복시키기 위한 하나님의 목소리가 우리를 향해 울려 퍼질 때, 오직 우리의 화답은 이것입니다.

'어서 일어나 벧엘로 올라가자.'

야곱의 하나님, 일어나 벧엘로 올라가라 하시네

언약의 땅에서
밀려난
에서의 후손들-
그 무의미한 삶

Gospel from The beginning

언약의 땅에서 밀려난 에서의 후손들- 그 무의미한 삶

언약의 땅에 머무르기만 하면 풍요와 평화가 보장됩니다. 따라서 문제의 시작은 약속의 땅을 벗어나는 데 있고, 문제의 해답은 약속의 땅에 거하는 데 있습니다.

언약의 땅에서 밀려난 에서의 후손들-그 무의미한 삶

Gospel from The beginning

화려한 듯 하지만 쓸쓸하고, 성공한 것 같으나 무너지는 인생들이 있습니다.

삶이란 참 미묘한 것이어서 '과학으로 판단하기엔 너무나 인간적이고, 숫자로 말하기엔 너무나 아름답고, 학술지에만 실리기엔 영원한 것'이라고 말합니다.

'엘리트라는 껍데기 아래서 고통 받는 심장'을 가지고 살아간 하버드 생 268명의 인생 경로를 72년 동안 추적하여 분석한 결과, 약 3분의 1이 정신 질환으로 죽거나 마약과 자살로 생을 마감했다는 놀라운 사실에 근거를 두고, 하버드 의대 정신과 교수인 베일런트Vaillant가 내린 삶의 정의입니다.

수긍이 가는 결론이긴 하지만 왜 삶이 그래야 하는 지에 대한 명쾌한 대답이 없어, 역시 학문의 한계를 보여주었을 따름입니다.

그런데 성경은 삶의 의미와 가치와 내용을, 그리고 실패했다면 그 원인을 명확하게 보여줍니다. 특별히 창세기가 그렇습니다.

창세기를 대할 때 마다 느끼는 것은 글쓰기의 달인 모세, 그를 뽑아 기록자로 세우신 하나님의 완벽하심을 실감하게 됩니다.

애굽의 엘리트 코스를 밟은 그의 과거는, 성령의 감동으로 하나님의 말씀을 대언하고 기록했던 그의 삶에 이유 있는 발판이 되어, 현재를 사는 우리들에게 까지 하나님의 관심 속에 있었던 '사람들'의 삶을 박진감 있게, 때로는 자세하고 친절하게 보여줍니다.

우상이 만연한 갈대아 우르에서 젖과 꿀이 흐르는 약속의 땅, 가나안으로의 인생여정 속에 믿음의 조상 아브라함을 등장시켜 하나님의 절대주권 속에서 선택 받은 자의 풍성한 삶을 한 편의 드라마로 엮어내더니, 언약 안에서 태어난 후대의 축복이 얼마나 어마어마한 지를, 척박한 땅에서 샘의 근원을 찾아내는 이삭의 축복, 일 년 농사로 백 년의 응답을 누리는 그의 삶을 통해 담담하고 평화롭게 그려냅니다.

그러다가 모태에서 부터 싸우는 쌍둥이, 야곱과 에서의 쫓고 쫓기는 갈등의 삶, 야곱의 험악한 인생길, 그 도망자의 삶에 향기로운 꽃처럼 피어나는 야곱과 라헬의 사랑, 그 사랑 속에 가시처럼 찔러대는 질투와 시기, 술수의 결과로 얻은 열둘의 자녀들, 가지 많은 나무에 바람 잘 날 없다고, 그들이 빚어내는 이야기는 참 다양하게도 전개됩니다.

외동딸 디나의 강간사건, 그래서 일어나는 피의 복수극, 현실의 땅에 발을 딛지 못하고 늘 꿈을 꾸어서 심기를 건드리는 요셉을 제거하기위한 형들의 살인계획, 현대판 인신매매. 유다와 르우벤의 근친상간…….

여과 없이 진솔하게 끌고나가는 그의 이야기는 그저 스토리텔링으로 끝나는 것이 아닌, 문제의 시작과 원인, 해답이 명백합니다.

'태초에 하나님이 천지를 창조하시니라'

창세기 1장 1절에서 장엄하게 선언한 절대 불변의 진리, 혼돈과 공허와 흑암으로 가득한 이 땅, 우리의 인생길을 막고 있는 이 어둠을 물리칠 수 있는 길은 오직, '빛이 있으라'고 선포하시는 하나님의 말씀만이 해답임을, 모세는 성경의 첫 머리에서 못 박아 두었습니다.

결론적으로, 말씀이 육신이 되어 이 땅에 오신 예수 그리스도 요한복음 1장 14절, 우리의 구원자, 메시아, 그리스도를 통해서만……, 물 떠난 물고기처럼 목마르고 허덕이는 삶에서, 땅을 떠난 나무처럼 열매 없이 죽어가는 우리네 삶에서, 그리고 하늘을 떠나 새장에 갇힌 새처럼 날개 꺾인 우리들의 지루한 삶에서 해방될 수 있음을 밝힌 것입니다.

그 메시아, 예수 그리스도께서 태어나실 땅이 바로, 언약의 땅, 가나안입니다.

이 약속의 땅을 향하여 가는 인생길은 하나님이 책임지셨습니다. 아브라함, 이삭, 야곱, 요셉의 삶이 증거 합니다.

언약의 땅에 머무르기만 하면 풍요와 평화가 보장됩니다.

따라서 문제의 시작은 약속의 땅을 벗어나는 데 있고, 문제의 해답은 약속의 땅에 거하는 데 있습니다.

다시 말해서 하나님의 말씀, 예수 그리스도 안에 있느냐 그렇지 않느냐가 우리네 삶의 의미와 내용과 가치를 결정한다는 것입니다.

언약 안에 있으면 실패한 것 같으나 승리하고, 언약 밖에 있으면 성공한 것 같으나 허망한 결론을 맺습니다.

그래서 성공의 극치인 대통령의 자리에서도 행복하지 못하고, 부러움의 대상인 재벌의 자리에서도 평안을 누리지 못하는 것입니다.

이런 맥락에서 모세는 에서의 후예들, 그의 후손들이 어떻게 번성하여 세상의 풍요를 누렸는지, 그럼에도 불구하고 얼마나 무의미한 삶을 살다 갔는지……, 많은 지면을 할애하여 자세히 설명해 놓고 있습니다.

하나님이 주신 은혜, 장자권을 무시하여 동생 야곱의 팥죽 한 그릇과 바꿔버린 에서의 경솔함은 현실적이고 물질적인 것에 민감하게 반응하고 추구하는 삶의 표본이 되었고, 결국 히브리서 기자는 '망령된 자' 히브리서 12장 16절 의 삶이라고 기록하기에 이르렀습니다.

그는 언약 밖의 세 여자, 이방의 여인들을 아내로 맞이하여 다섯 자녀와 열 한 명의 손자를 두고 재산도 엄청나게 불어나자, 더 넓은 목초지를 찾아 동생 야곱이 있는 가나안을 떠나서 이방의 땅 세일에 정착합니다.

그는 원주민을 정복하고 에돔 왕국을 건설하여 8명의 왕과 11명의 지방 군주를 배출해 내는 빵빵한 가문이 되었습니다.

그런데 여기서 주목할 것은, 아브라함에서 이삭으로, 이삭에서   야곱으로, 야곱에서 요셉으로 가야하는 스토리의 여정을 잠시 멈추고, 뜬금없이 창세기 36장에서 에서의 후예들을 등장시킨 기록자 모세의 의도는 무엇일까요……

그것은, 에서 가문의 영광스토리를 말하고자 함이 아니라, 성공 뒤에 숨겨진 가문의 비애를 은유적으로 말해주고자 한 것입니다.

물질의 풍요와 권력의 가면 뒤에 숨겨진 에서의 후예들은 결국, 이스라엘 백성들이 430년 동안 종살이했던 애굽을 떠나 언약의 땅, 가나안을 향하여 행진하는데 있어 그 길을 막아선 방해꾼이 되었습니다. 이스라엘 민족을 이끌었던 모세는 에돔 왕국을 통과하되, 밭의 작물이나 우물에 손대지 않고 오직 왕의 대로 만 통과 할 수 있기를 제안하였음에도 불구하고 그들은 오히려 강한 군사력으로 맞선 것입니다. 민수기 20장 14~21절

모든 것을 소유한 것 같으나 쫀쫀하기 이를 데 없는, 무의미한 성공자 앞에서 쓴 웃음이 나오는 대목입니다.

모세도 같은 마음이었던지 전쟁을 피하여 다른 길로 우회해 버립니다.

하나님은 오대양 육대주, 이 세상 모든 사람들에게 관심이 있습니다.

비록 언약 밖에 있을지라도……, 그러나 관심이 머무른다고 해서 모두 다 축복의 대상이 될 수는 없습니다.

오직 하나님의 소원을 알고, 메시아, 그리스도의 비밀을 영혼에 품은 자, 언약의 땅에 머무르는 하나님의 자녀들에게만 의미 있는 인생을 살게 하십니다.

가치 있는 인생은 눈으로 보이는 물질의 풍요와 세속의 권세에 있는 것이 아니라, 복된 소식으로 이 땅에 오신 예수 그리스도 안에 있습니다.

예수 그리스도는 하나님의 비밀입니다. 누구나 알면 비밀이 아닙니다.

다말-1

누가 그녀에게 돌을 던지랴

Gospel from The beginning

다말-

누가 그녀에게 돌을 던지랴

나의 태 안에서 왕의 씨가 잉태되어 메시아 오실 그 길이 열려질 때, 날 비난하면 무리들은 노래할 것입니다. '그녀가 옳도다'

다말-1

누가 그녀에게 돌을 던지랴

Gospel from The beginning

인생 막장 드라마가 펼쳐지고 있습니다.

그것도 완전히 망가진 유다의 가정 이야기를 성경은 고스란히 기록하고 있으니, 율법의 눈으로 보면 이해하기 힘들 만큼 한심하기 짝이 없습니다.

유다의 기구한 가정사는 첫 단추를 잘못 꿰듯, 그가 형제들 곁을 떠나, 하나님을 무시하는 아둘람 사람 히라와 교제하다가 이방 여인 수아를 만나 결혼하는 데서부터 시작됩니다.

사실상, 야곱의 열 두 아들 중 넷째인 유다는 메시아의 계보를 이어갈 복음적 장자로서 선택을 받았습니다. 그가 특별히 훌륭해서가 아니라, 형제들의 시기로 인하여 동생 요셉이 구덩이에 빠져 죽게 되었을 때, '피를 흘리지 말고 손을 대지 말자'고 조언했던 그 일이 하나님 앞에서는 생명 살리는 일이 되어 장자의 축복을 받게 된 것입니다. 창세기 37장 26, 27절

원래 야곱의 배에서 난 육신적 장자는 르우벤이었으나 그는 아비의 침상을 더럽혀 장자의 축복을 누리지 못했던 것입니다.

창세기 49장 4절, 역대상 5장 1절

유다가 언약적 장자로서 받을 축복은 어마어마 한 것이었습니다.

야곱은 그에게 손을 얹어 이렇게 예언합니다.

'유다야 너는 네 형제의 찬송이 될지라 네 손이 네 원수의 목을 잡을 것이요 네 아비의 아들들이 네 앞에 절하리로다……;……홀笏이 유다를 떠나지 아니하며 치리자의 지팡이가 그 발 사이에서 떠나지 아니하시기를 실로가 오시기까지 미치리니 그에게 모든 백성이 복종하리로다.' 창세기 49장 8~10절

왕의 권위를 상징하는 '홀'이 그의 곁을 떠나지 않는다 함은 그의 후손을 통해 만왕의 왕으로 메시아, 그리스도가 이 땅에 오실 것을 예언한 것이었습니다.

히브리어로 '실로'는 평화를 말합니다.

평화의 왕으로 이 땅에 오셔서, 하나님을 떠나 죄 가운데 빠져 사단의 통제 아래서 살아가야 할 온 인류를 향해, 화평의 손을 내밀어 하나님과 우리 사이에 회목의 길을 여신 분, 예수 그리스도, 그분이 오시기까지 유다의 후대를 이어가실 하나님의 중대한 계획이 선포된 것입니다.

만물이 그 발 앞에 복종하여 무릎을 꿇어 우리의 찬송이 되실 그리스도, 하나님과 우리 사이를 이간하여 에덴의 축복을 빼앗아간 우리의 대적자, 마귀의 목을 잡아 그 일을 멸하기 위하여 왕으로 이 땅에 오실 그리스도가 그의 계보를 따라 오시겠다니……, 이보다 더 큰 축복이 어디 있겠습니까.

그러나 유다는 이미 와있는 응답과 축복을 가볍게 여기고 이방 여인과 결혼하여 세 아들을 낳습니다.

하나님의 계획을 성취시켜야 할 하나님의 사람은 언약을 잃어버리는 그 순간부터 인생의 장애물이 그 길을 가로막기 시작합니다.

큰아들 엘은 극악하게 하나님을 경멸하는 사고뭉치입니다.
grievously offended God. Gen 38:7 The Message

그러나 우리의 인격이나 도덕적 행위와 상관없이 절대적 주권 가운데 언약을 성취시키시는 하나님의 은혜가 그 가문에 임하여 다말이라는 아름다운 여인이 유다의 며느리가 됩니다.

생명이 존재할 수 없는 척박한 사막에 기적처럼 드리워진 종려나무, 그 나무가 있는 곳이면 으레 존재하는 오아시스는, 목말라 죽어가는 순례자에게 생명수를 제공합니다.

다말……, 이름 그대로 싱싱한 종려나무처럼 사랑스럽고 건강한 그녀는 아브라함과 이삭과 야곱에게 역사하셨던 하나님, 그 하나님이 메시아로 오실 것을 알고 있었습니다. 아브라함이 마므레 상수리나무에서 번제를 드려 대적의 문을 취하였던 기적의 역사를, 이삭이 모리아산에서 받아 누렸던 여호와 이레의 축복을, 그리고 야곱이 받았던 벧엘의 축복은, 어릴 적부터 그녀가 미래를 꿈꾸며 들어왔던 하나님의 스토리였던 것입니다.

그 역사 속에서 방관자가 아닌 적극적인 주인공으로 살리라 마음먹었던 여인, 다말이 유다 가문의 가족이 된 것이야말로 축복의 시작이었습니다.

그러나 어찌하던지 메시아의 길을 방해하고자 하는 사단의 궤계는 그녀를 사람들 보기에 '재수 없는 여자'로 몰고 갑니다.

첫 번째 남편 엘의 망가진 삶 속에서도 묵묵히 고통을 이겨나가는 다말을 긍휼히 여기신 하나님께서 남편의 생명을 거두어갑니다.

그러자 시아버지 유다는 가문의 후손을 보존하기 위한 전통에 따라 둘째 아들 오난을 명하여 다말을 아내로 취하게 합니다.

그러나 오난은 자신에게는 유익도 없이 형의 씨를 생산해야 한다는 억울함 때문에 땅에 정액을 쏟아버립니다.

이 일이 하나님 보시기에 심히 악하여 그만 그도 죽음을 면치 못하게 되었습니다.

그러자 유다는 어린 셋째 아들 셀라가 걱정되었습니다.

그래서 다말을 불러 이르기를 어린 아들이 장성할 때 까지 수절하며 기다리라고 말합니다.

그 말을 듣고 순종하여 친정으로 돌아간 다말, 그러나 시아버지는 그로부터 감감 무소식입니다.

그 중에 유다의 아내 수아가 죽자 외로워 상실감에 빠진 유다는 하나님 앞에 무릎 꿇기보다는 이방 사람 히라를 찾아가 위로를 얻는가 싶더니 그와 함께 죽이 맞아서 에서 족속들이 살고 있는 딤나로 올라갑니다.

임도 보고 뽕도 딴다고 양털도 깎고 창녀도 만나 외로움도 달래보리라 친구와 둘이서 은밀한 계획을 세운 겁니다.

이것을 알게 된 다말, 그녀는 바보처럼 가만히 앉아 있지 않고 치밀한 행동에 들어갑니다.

창녀로 분장한 그녀는 외로운 시아버지 유다를 유혹하여, 하룻밤 사랑의 대가로 유다의 가문을 상징하는 끈과 지팡이와 도장을 손 안에 넣습니다.

이것은 불에 태워져 죽어야할 간음죄의 형벌로부터 그녀를 구하는 징표가 되었을 뿐 아니라, 시아버지 유다를 무릎 꿇어 참회시키는 결정적 단서가 되었습니다.

그리고 그녀는 쌍둥이 베레스와 세라를 낳습니다. 베레스는 다윗 왕의 조상이 되어 예수 그리스도의 혈통을 이었습니다.

다말의 노래를 들어 보십시오. 이 노래를 듣는 이, 누가 그녀를 향하여 돌을 던지겠습니까……

참으로 오랜만에 거울 앞에 섰습니다.

칙칙한 과부의 옷을 벗어 던졌습니다.

불타오르는 빛깔의 베일을 골라,

윤기 흐르는 긴 머리채를 부드럽게 감싸고

상기되어 붉어진 뺨을 깊숙이 가린 후,

여전히 선이 고운 내 모습을 가만히 들여다봅니다.

험난한 시간들을 지나왔지만,

백합처럼 순결한 영혼을 지닐 수 있었던 것은 오직 여호와,

그분의 약속을 품었기에……,

술에 버무려져 살았던 첫 남편과 함께 했던 고통의 순간들도,

오직 애욕에 묶여, 내 육체만을 탐하는 두 번 째 남편의 곁에서,

밤새 떨어야 했던 그 치욕과 상실의 순간들도 이제는,

마치 정화된 불순물처럼 깨끗이 승화되어

오직 나의 영혼에 아름다움을 더 할 뿐입니다.

이제, 딤나로 가렵니다.

푸른 잔디 무성한 그 곳에서
양치기들의 흥겨운 노래가 울려 퍼지고
보송보송한 양무리 들이 털을 깎으려는 목동들 앞에 줄지어 설 때,
난……,
에나임 성문에 앉아 나의 시아비를 기다려 유혹하려 합니다.
천하에 용서받지 못할 패역한 여인이라 하실 건가요……
천륜을 어긴 더러운 여인, 불에 살라 죽어 마땅하거나,
돌에 맞아 죽임 당함이 너무나 당연한 창녀라고 비난하실 건가요…
하지만, 내 영혼의 깊은 곳에서 뇌성처럼 울려 퍼지는
주님의 음성은,

'유다의 홀에서 왕이 나리라.'

내게, 이 땅에서 살아야 할 이유를 주신 그분의 언약을
어찌 저버릴 수 있겠습니까.

나의 태 안에서 왕의 씨가 잉태되어
메시아 오실 그 길이 열려질 때,
날 비난하던 무리들은 노래할 것입니다.

'그녀가 옳도다.'

– 아나마르테토스 간음한 여인 中에서 – 초경 김유순지음

꿈꾸는 청년, 요셉 - 그 아름다움의 힘

Gospel from The beginning

꿈꾸는 청년, 요셉-
그 아름다움의 힘

언약의 사람은 실패할 수 없습니다. 개인과 지역과 민족과 세계를 향한 하나님의 계획을 꿈으로 품고 기도하는 자에겐 반드시 승리가 주어집니다. 이 언약이 바로 사도행전 1장 8절입니다. '오직 성령이 너희에게 임하시면 너희가 권능을 받고 예루살렘과 온 유대와 사마리아와 땅 끝 까지 이르러 내 증인이 되리라 하시니라.' 누군가는 성취해야할 이 말씀은 오늘날, 요셉처럼 꿈꾸는 자, 바로 우리들을 통해 성취될 것입니다.

고귀한 시어詩語들을 잘 짜인 운율에 맞춰, 정갈하게 써 내려간 한 편의 정형시처럼, 요셉은 그 용모가 준수하고 아름다운 청년이었습니다. 창세기 39장 6절

그 아름다움이라는 게, 머리도 가슴도 영혼도 없이 그저, 요즘에 넘쳐나는 꽃미남 정도가 아니라, 현저하고 두드러지게 균형 잡히고 잘 생겨서strikingly handsome The Message애굽의 시위대장 보디발이 노예로 팔려온 그를 보고 '하나님의 신이 함께 하는 형통한 자'로 감탄할 만큼, 그의 아내는 얼이 빠져 버릴 만큼 독특한 매력을 소유한 청년이었습니다. his master's wife became infatuated Gen 39:3,7

사람을 아름답게 보이게 하기위해 최고의 색조화장품에 도전하는 '바비 브라운' 여사가 어느 신문 인터뷰에서 이렇게 말한 적이 있습니다.

'어떤 사람을 가장 아름답게 하는 것은 그 사람이 가지고 있는 표정, 곧 평안입니다.'

그러고 보니 요셉이 아름다울 수 있었던 것은, 그 영혼 가운데 깊숙이 드리워진 평안으로부터 나오는 후광이 아니었나 싶습니다.

하지만, 어릴 적부터 계속된 그의 고단한 삶은, 복잡하게 짜인 플롯에 따라 보는 이들의 마음을 졸이게 하는 한 편의 드라마처럼, 도저히 평안할 수도, 용서할 수도, 형통할 수도 없는 사건의 소용돌이 속에 있었습니다.

세 명의 의붓어머니와 열 명의 의붓 형 들 속에서 아버지 야곱의 총애를 입은 요셉은 자연스레 미움과 질시의 표적이 되고 말았습니다.

칠 년을 하루 같이 연애하여 얻은 아내 라헬에 대한 불타는 사랑은 그녀를 통해 뒤늦게 얻은 아들 요셉에게 쏟아져 내렸습니다.

그가 다른 아들들에게 입히지 않은 채색 옷을 지어 입혔다함은, 정교하게 수놓은 길고 품이 넓은 겉옷을 따로 만들어 입혔다는 말인데, he made him an elaborately embroidered coat The Message Gen 37:3 이는 무언 중 야곱이 요셉의 장자권을 인정하는 것이기도 했습니다. 관주 라이프 성경 58쪽

이로 인해 형들은 더욱 격분했을 것입니다.

게다가 야곱의 첩 실바와 빌하의 몸에서 난 아들들 사이에 일어났던 나쁜 일들을 아버지께 일일이 보고했으니 미운 털이 박힐 건 뻔한 일이지요.

그래서 할 수 없이 왕따로 자란 요셉은 홀로, 아버지 야곱의 품에서 들어온 하나님의 이야기를 가슴에 품고, 하나님의 일을 꿈꾸는 소년으로 자랐습니다.

마므레 상수리나무 아래서 하나님의 약속을 잡고 기도하다가 믿음의 조상이 된 고조할아버지 아브라함 이야기, 모리아 산에서 있었던 절박한 상황, 그러나 모든 것을 예비하시고 승리를 주시는 여호와 이레의 하나님, 그 언약을 잡은 할아버지 이삭이 누렸던, 샘의 근원을 누리는 축복, 백 년의 응답을 앞당긴 언약의 비밀, 아버지 야곱을 통해 들은 벧엘의 축복……, 이 모든 언약의 여정 속에서 '일을 행하시는 하나님, 그 일을 지어 성취시키는 하나님'에 대한 깊은 신뢰와 확신이 그의 영혼 가운데 깊이 뿌리 내리어, 그 어떤 악한 상황에서도 하나님께서 함께 하신다는 임마누엘의 확신 속에서 흔들리지 않는 평안을 소유하게 되었습니다.

그 평안으로부터 오는 힘, 그것이 꿈꾸는 소년 요셉을 아름다운 청년으로 자라게 한 것입니다.

절대평안이란 어떤 상황에서도 흔들리지 않는 마음의 고요, 사랑 받고 있다는 확신, 미래에 대한 든든한 보장으로부터 오는 것이라고 볼 때, 이 만큼 사람을 아름답게 하는 것은 없을 것입니다.

영혼이 아름다운 사람은 멋있는 꿈을 꿉니다. 요셉의 꿈이 그랬습니다.

볏단 열 한 단과, 해와 달과 열 한 별이 자신을 향해 절을 하는 꿈……이 멋진 꿈 앞에서 형들의 미움과 질투는 극치에 달하여, 급기야 요셉에 대한 살인모의에 까지 이르렀습니다. 형들은 그를 구덩이에 던져 넣었습니다. 그러나 요셉은 요동하지 않았습니다. 꿈으로 보여 주신 하나님의 약속, 그 약속을 언약으로 잡고 나아가는 자는, 어떤 고난 속에서도 결코 실패 하지 않을 뿐 아니라, 앞으로 다가올 미래를 보여 주시고 보장하시는 하나님에 대한 강력한 확신으로부터 오는 힘을 소유하게 됩니다.

그는 다시 애굽의 노예로 팔려가게 되었습니다. 사랑하는 아버지, 그리고 어머니도 없이 자랄 어린 동생 베냐민을 두고 사슬에 매여 노예로 팔려가는 요셉, 그 절대 고독 속에서 그의 영혼은 오직 하나님을 향해 간구했을 것입니다. 하나님이 함께 하신다는 임마누엘의 축복을 누리는 자는, 고난 가운데 오히려 찬란하고 아름다운 신앙의 색깔을 드러냅니다.

그래서 성경은 이렇게 말합니다.

'여호와께서 요셉과 함께 하시므로 그가 형통한 자가 되어 그 주인 애굽 사람의 집에 있으니 그 주인이 여호와께서 그와 함께 하심을 보며 또 여호와께서 그의 범사에 형통케 하심을 보았더라.' 창세기 39장 2, 3절

요셉의 마음에 꿈을 심으신 하나님께서 요셉의 삶을 세밀하게 인도해 가시는 것은 당연한 일입니다. 요셉의 꿈은 세계열방에 여호와의 이름을 알리는 것이었습니다.

그때 당시 정치와 경제, 사회와 문화의 중심지로서 온 세상을 대표했던 애굽이야말로 반드시 요셉이 정복해야 할 땅이었습니다.

그 땅으로 가야만 했던 요셉의 여정 속에서 하나님의 방법은 때로 모진 것도 같고 이해하기 힘들 수도 있습니다.

그러나 분명한 것은 위기 속에 기회를 심으시는 하나님의 절묘한 역사 속에서 요셉의 믿음은 더욱 더 하나님을 바라보는 신앙으로 아름답게 성숙해 갑니다.

'요셉을 위하여' 보디발의 집과 밭에 까지 복을 주시는 하나

님의 전폭적인 지원 아래 그는 노예 신분인데도 불구하고 그 집의 가정 총무가 되어 경제를 배웁니다.

그러던 중 보디발의 아내가 던지는 유혹의 덫에 걸린 그는 또 다시 감옥에 갇히고 말았습니다. 그러나 감옥에서 만난 바로 왕의 두 관원장으로부터 애굽의 정치를 심도 있게 배우게 되어 앞으로 다가올 미래, 하나님이 약속하신 꿈을 성취시키는데 꼭 필요한 전문성을 준비하게 됩니다.

언약의 사람은 실패할 수 없습니다.

개인과 지역과 민족과 세계를 향한 하나님의 계획을 꿈으로 품고 기도하는 자에겐 반드시 승리가 주어집니다.

이 언약이 바로 사도행전 1장 8절입니다.

'오직 성령이 너희에게 임하시면 너희가 권능을 받고 예루살렘과 온 유대와 사마리아와 땅 끝 까지 이르러 내 증인이 되리라 하시니라.'

누군가는 성취해야할 이 말씀은 오늘날, 요셉처럼 꿈꾸는 자, 바로 우리들을 통해 성취될 것입니다.

G e n e s i s

요셉, 그가 소리 내어 울었다

Gospel from The beginning

요셉, 그가
소리 내어 울었다

꿈을 꾸는 사람은 현실에 매이지 않습니다. 꿈이란 미래를 향한 비전이기 때문입니다. 하나님이 주신 비전은 야망과 달라서 개인의 동기나 노력이나 의지와 상관없이 하나님이 이루어 가십니다. 영혼 구원을 위한 하나님의 비전이 곧 영원한 언약이기 때문입니다.

요셉, 그가 소리 내어 울었다

Gospel from The beginning

요셉이 소리 내어 엉엉 울었습니다.

'요셉이 시중하는 자들 앞에서 그 정을 억제하지 못하여 소리 질러 모든 사람을 자기에게서 물러가라하고……, 방성대곡하니 애굽 사람에게 들리며 바로의 궁중에 들리더라.' 창세기 45장 1~2절

배다른 형들의 시기와 냉대, 조롱 속에서도 울지 않았던 요셉, 어린 동생 베냐민을 남기고 죽음을 맞이한 어머니, 라헬 앞에서도 울지 않았던 요셉, 춥고 어두운 구덩이에 던져져 서서히 죽어갈 상황 속에서도 결단코 울지 않았던 요셉, 타들어가는 목마름을 견디며 노예가 되어 팔려가던 사막을 걸으면서도 울지 않았던 요셉.

고된 노예 살이 속에서도 해 같이 빛났던 요셉, 믿었던 주인 보디발의 냉정한 오해와 심판 앞에서도 눈물을 보이지 않았던 요셉, 언제 바로의 손에서 풀려날지 모르는 암담한 감옥 안에서도 별 같이 빛났던 요셉.

배은망덕한 술 장관의 기억상실증 앞에서도 그저 담담했던 요셉, 그랬던 요셉이, 그렇게도 의연하고 당당했던 요셉이 국무총리라는 영화로운 자리에서, 온 애굽 땅에 소문이 날 정도로 소리를 지르며 대성통곡을 한 것입니다.

십삼 년여의 고단한 삶 속에서, 요셉, 그를 든든히 지켜 준 것은 하나님이 그에게 꿈으로 주신 약속, 곧 언약이었습니다.

볏단 열한 단이 그를 향해 절하고 해와 달과 별 들이 그에게 절 했던 것은, 그를 통해 민족과 세계열방을 구원하기 위한 하나님의 원대한 계획이 임했음을 알리는 것이었습니다.

꿈을 꾸는 사람은 현실에 매이지 않습니다.

꿈이란 미래를 향한 비전이기 때문입니다. 하나님이 주신 비전은 야망과 달라서 개인의 동기나 노력이나 의지와 상관없이 하나님이 이루어 가십니다.

영혼 구원을 위한 하나님의 비전이 곧 영원한 언약이기 때문입니다.

하나님을 떠나 죄 가운데 빠져 일생에 매여 죽기를 무서워하므로 사단의 종노릇하며 진노 가운데 살아가야할 온 인류를 구원하기 위해, 하나님이시면서 영광 본체를 버리고 이 땅에, 그리스도- 기름 부은 받은 자, 만왕의 왕, 참 제사장 , 참 선지자 - 로 오신 예수님이 바로, 하나님의 영원한 언약입니다. 창세기 3장 1~6절, 히브리서 2장 14~15절, 에베소서 2장 1~2절, 요한복음 4장 16절, 빌립보서 2장 6절

이 영원한 언약을 가슴과 영혼에 남고 예루살렘과 사마리아와 온 유대와 땅 끝 까지, 살아계신 하나님의 증거를 가진 증인이 되리라 기도하는 이가 바로 요셉과 같이 시대적 언약을 소유한 자입니다.

이 영원한 언약과 시대적 언약을 품은 자가 하늘과 땅의 모든 권세를 가지고 열방 앞에 나아갈 때, 만물이 그리스도 앞에 무릎 꿇는 증거를 보게 됩니다. 마태복음 28장 18~20절, 빌립보서 3장 21절

요셉이 이 일에 있어 증인입니다.

그가 하나님의 지혜를 입어 해석해준 바로 왕의 꿈대로 칠 년 동안의 풍작을 지나 칠 년 동안의 흉작이 시작되었습니다. 창세기 41장 16절

이 때 곡식을 사러 가나안에서 온 형들을 만난 요셉은 자신의 신분을 숨겨둔 채, 아버지와 함께 고향에 남아있는 말 째 아우 베냐민을 데려오게 합니다. 창세기 42장 20절

그러자 형제들 사이에 논쟁이 벌어졌습니다. 르우벤이 나서서 아우 요셉을 노예로 팔아버린 피 값을 치루게 되었다며 다른 형제들을 원망합니다.

히브리 방언을 알아들을 리 없다고 생각한 그들이 자신의 지난 날을 두고 옥신각신 하는 모습을 지켜보던 그는 잠시 그들 곁을 떠나 울었다고 성경은 적고 있습니다. 창세기 42장 24절

그것은 요셉의 첫 울음이었습니다.

그 후, 시므온을 인질로 잡고 형제들을 돌려보낸 요셉은 기근이 더욱 심해져 하는 수 없이 베냐민을 데리고 양식을 구하러 온 형들을 다시 만나게 됩니다.

사랑하는 아들 베냐민을 보내는 아버지 야곱의 심정, 전능하신 하나님이 은혜를 베푸사 돌려보내주기를 구하면서도 '자식을 잃으면 잃으리라' 는 아비의 비장한 마음을 이미 알고 있었다는 듯이, 요셉은 '노인은 생존하시는지, 안녕하신지'를 묻습니다. 창세기 43장 14, 27절

형들이 머리를 조아려 아버지 야곱의 생존을 확인해 주자 그는 사랑하고 그리워하던 동생 베냐민, 이제는 훌쩍 커버린 베냐민을 바라보며 '타는 듯 하는 마음'을 억제하지 못하고 안방으로 들어가 다시 울었습니다. 창세기 43장 30절

그리운 마음을 숨겨두고 단 한 번, 품에 안아보지도 않은 채 동생 베냐민을 형들과 함께 고향으로 돌려보내던 요셉은 자신의 은잔을 동생의 자루 아구에 넣으라고 청지기에게 명령합니다. 창세기 44장 1~2절

그리고는 그들이 성에서 나가 멀리 가기 전에 요셉은 체포명령을 내립니다.

졸지에 도둑 누명을 쓰고 애굽의 감옥에 갇히게 될 베냐민, 이 어처구니없는 돌발 상황 속에서 형 유다는 자신의 생명을 담보로 하여, 말째 아들을 잃고 슬픔에 잠길 아버지 야곱을 위해, 그리고 다시는 자신들의 불찰로 인해 또 한 번 동생을 잃지 않기 위해 혼신을 다 해서 간청합니다.

이를 지켜보던 요셉, 그가 드디어 '그 정을 억제하지 못하고' 울음을 터뜨리고 말았던 것입니다. 창세기 45장 1~2절

요셉의 눈물, 심장이 터질 것 같은 그의 울음은 과거의 상처로부터 온 한 맺힌 눈물이 아니었습니다.

이미 그는 지난 날을 완벽하게 잊고 있었음을 그가 낳은 두 아들의 이름에서 확인 할 수 있습니다.

요셉은 '세상의 구원'이라는 뜻을 가진 '시브낫 바네아' 라는 새 이름을 바로 왕으로부터 받은 후 창세기 41장 45절 제사장 보디베라의 딸 아스낫을 아내로 맞이하여 므낫세와 에브라임을 낳습니다.

므낫세는 '하나님이 나로 나의 모든 고난과 나의 아비의 온 집일을 잊어버리게 하셨다'함이요, 에브라임이라 함은 '하나님이 나의 수고한 땅에서 창성하게 하셨다'는 그의 신앙고백입니다. 창세기 41장 51~52절

더불어 그는 오히려 두려움에 떠는 형들을 안심시킵니다.

'당신들이 나를 이 곳에 팔았으므로 근심하지 마소서 한탄하지 마소서 하나님이 생명을 구원하시려고 나를 당신들 앞서 보내셨나이다.' 창세기 45장 5절

진정한 용서는 기억치도 않는 것입니다.

지난 일을 자꾸 끄집어내어 곱씹는다면 그것은 진정한 용서가 아닙니다. 하나님의 용서 방법은 이렇습니다.

'나 곧 나는 나를 위하여 네 허물을 도말하는 자니 네 죄를 기억지 아니하리라.' 이사야 43장 25절

용서는 우리 힘으로 할 수 있는 쉬운 일이 아닙니다.

하나님께서 본을 보여주셔야 할 만큼 어려운 일입니다.

그래서 하나님은 우리에게 '하나님과 우리 사이를 분리시키고 사람과 사람 사이를 이간하는 사단, 창세기 3장에 출현하여 아담과 하와 사이를 파괴시킨 그 뱀의 머리를 밟아버릴 메시아, 그리스도를 영원한 언약으로 주셔서 그 이름을 힘입어 그 궤계에 속지 말라고 말씀하십니다. 고린도후서 2장 10~11절

그러면 그 문제 가운데 숨겨진 하나님의 물밑 작업, 곧 하나님의 원대하고도 은밀한 계획을 깨닫게 됩니다.

이때, 감사와 감격의 울음이 영혼 깊숙한 곳으로부터 터져 나올 것입니다.

이것이 바로 요셉이 소리 내어 울었던 이유이기도 합니다.

Genesis

요셉, 담장 너머로 뻗은
샘물 곁의 무성한 가지

Gospel from The beginning

요셉, 담장 너머로 뻗은 샘물 곁의 무성한 가지

하나님의 기준에서 만사형통은 세상의 기준과는 다릅니다. 세상의 기준에서 형통은, 당장 눈에 보이는 육신적이고 현실적인 것에 그 근거를 두지만, 하나님의 기준에서 하나님의 방법대로 행하시는 하나님의 형통은, 하나님이 원하시고 이끌어 가시는 하나님의 계획 속에서 하나님이 '함께'하시는 데 그 의미를 두고 있습니다.

요셉, 담장 너머로 뻗은 샘물 곁의 무성한 가지

하나님의 약속 하나로, 치열하고도 험악한 삶을 살아 낸 야곱, 그는 그의 열조, 아브라함과 이삭이 묻힌 막벨라 굴에 자신의 고단한 몸을 누이기 전, 열 두 아들을 침상으로 불러 각자 믿음의 분량대로 미래에 다가올 일을 예언하고 축복합니다.

요셉을 향하여 그는 노래합니다.

'요셉은 무성한 가지, 곧 샘 곁의 무성한 가지라 그 가지가 담을 넘었도다.' 창세기 49장 22절

요셉은 이 축복의 말대로 그의 두 아들 에브라임과 므낫세를 통해서, 여호수아 드보라 사무엘 기드온 입다 등, 이스라엘의 영향력 있는 지도자를 배출해냈습니다.

더욱이 그는 두 아들이 애굽의 귀족으로 남기를 원치 않고 이스라엘의 열 두 지파 안으로 들어가 가나안의 축복을 계승할 수 있기를 소원하였습니다.

이에 따라 요셉은 영적인 장자로, 유다는 메시아적 장자로 축복을 누리게 됩니다.

시냇가에 심겨진 나무가 시절을 좇아 절로 과실을 맺듯이 요셉은 마르지 않는 샘물 곁에 뿌리를 내린 풍성한 가지가 되어 '형통한 삶'을 살았습니다.

하나님의 기준에서 만사형통은 세상의 기준과는 다릅니다.

세상의 기준에서 형통은, 당장 눈에 보이는 육신적이고 현실적인 것에 그 근거를 두지만, 하나님의 기준에서 하나님의 방법대로 행하시는 하나님의 형통은, 하나님이 원하시고 이끌어 가시는 하나님의 계획 속에서 하나님이 '함께'하시는 데 그 의미를 두고 있습니다.

다시 말해서 하나님이 우리에게 약속하신 영원한 언약 곧, 하나님이 우리와 함께 하는 임마누엘의 비밀과, 하나님과 함께 동행 하는 자에게 주어지는 부인할 수 없는 축복의 증거를 가지고 땅 끝까지 나아가는 시대적 언약 속으로 깊숙이 들어가서 이 언약을 사실적으로 누리는 것을 의미합니다.

하나님이 요셉에게 주신 영원한 언약은 바로 볏단 열한 단이 그에게 절하는 것이었습니다.

자신을 일으켜 세워 가문을 살리는 비밀은 영원한 언약으로 이 땅에 오신 메시아, 그리스도 안에만 있습니다.

하나님을 떠나 죄 가운데 빠져 마귀에게 눌린 채 사도행전 10장 38절 살아가야할 온 인류를 구원하기 위해서, 여인의 후손으로 오셔서 사단의 머리를 밟으시고, 동정녀 마리아의 배를 빌려 임마누엘이라는 이름으로 이 땅에 오신 예수 그리스도, 그리고 유월절 어린 양의 피로 오셔서 재앙과 저주를 막으시고 주홍 같이 붉은 우리의 죄를 양털 같이 희게 하기 위해서 희생 제물로 십자가에서 피 흘리신 그리스도, 운명의 노예로 잡혀 자유하기 위해 몸부림치지만, 무능함과 무기력 앞에서 좌절하고 넘어질 수밖에 없는 우리를 위해 하나님 만나는 길로 오신 그리스도, 이 영원한 언약을 영혼 가운데 품은 요셉은 노예로 팔려가는 위기 가운데서도, 감옥에 갇히는 그 순간에도 '형통한 자'로 살 수 있었습니다. 창세기 3장 15절, 이사야 7장 14절, 출애굽기 3장 18절, 마태복음 16장 16절

그렇게 말할 수 있는 이유를 성경은 이렇게 밝힙니다. '여호와께서 요셉과 함께 하시므로 그가 형통한 자가 되어 그 주인 애굽 사람의 집에 있으니 그 주인이 여호와께서 그와 함께 하심을 보며 또 여호와께서 그의 범사에 형통케 하심을 보았더라' 창세기 39장 2~3절

'……, 요셉이 옥에 갇혔으나 여호와께서 요셉과 함께 하시고 그에게 인자를 더 하사 전옥에게 은혜를 받게 하시매……,……, 여호와께서 그의 범사에 형통케 하셨더라. 창세기 39장 20~23절

이러한 요셉의 삶에 불가항력적으로 임할 수밖에 없는 증거는, 자신도 살고 가문도 살리며 민족을 살리고 세계를 살리는 힘이 되었습니다.

세계를 살리는 힘, 이것이 바로 전도요, 선교입니다.

모든 족속으로 가서 제자를 삼아, 온 천하 만민에게 이 복음을 전파하여 하늘 보좌의 축복을 누리게 하고, 하나님의 말씀으로 소망이 끊어진 시대를 살려서, 이 언약을 계승해 나아갈 언약의 씨, 후대를 세워나가는 것, 이 사명을 영혼가운데 품은 자는 반드시 지역과 민족과 세계를 살릴 증인되게 하시겠다고 약속하신 이것이 바로 하나님이 요셉과 우리에게 주신 시대적인 언약입니다. 마태복음 28장 18~20절, 마가복음 16장 15~20절, 누가복음 24장 13~49절, 요한복음 21장 15~18절, 사도행전 1장 8절

담장 너머로 뻗어 꽃을 피우고 열매를 맺은 요셉의 삶, 해와 달과 별들이 절하는 그의 꿈은 이 시대적 언약이 성취되는 최고의 현장이 되었습니다.

'바로가 그 신하들에게 이르되 이와 같이 하나님의 신이 감동한 사람을 우리가 어찌 얻을 수 있으리요 하고 요셉에게 이르되 하나님이 이 모든 것을 네게 보이셨으니 너와 같이 명철하고 지혜 있는 자가 없도다 너는 내 집을 치리하라 내 백성이 다 네 명을 복종하리니 나는 너보다 높음이 보좌 뿐 이니라.' 창세기 41장 38~40절

그의 이름은 애굽 땅에서 '사브낫바네아' 곧 '세상의 구원'이라 불리어졌을 뿐 아니라, 당시에 태양신 '라'를 숭배하던 제사장의 딸 보디베라를 아내로 취하여 그 태에서 이스라엘의 두 지파를 나게 합니다. 창세기 41장 45절

더욱이 그의 아버지 야곱의 장례의식은 애굽 온 백성이 일어나 70일 동안 애곡하였다고 하니 애굽 백성들의 요셉 사랑이 어떠했는지 가히 짐작할 만합니다. 창세기 50장 3절

이렇듯 시대가 요청하는 하나님의 소원을 가슴에 품고 언약의 전달자로 살아가리라 꿈을 꾸는 자에게는 반드시 만사형통의 진정한 축복이 함께 합니다.

이 사실을 믿고 하나님의 말씀을 사실적으로 적용하여 기도한다면 요셉처럼 우리는 정치와 경제와 사회와 문화를 그리스도, 곧 복음으로 정복할 수 있습니다.

요셉이 누렸던 만사형통한 복, 진정한 축복에 대해 성경은 이렇게 밀합니다.

'복 있는 사람은 악인의 길을 좇지 아니하며, 죄인의 길에 서

지 아니 하며, 오만한 자의 자리에 앉지 아니하고 오직 여호와의 율법을 즐거워하여 그 율법을 묵상하는 자로다.' 시편 1장 1~3절

악인의 일을 멸하신 만왕의 왕 예수 그리스도, 죄와 사망의 법에서 우리를 해방시키신 참 제사장 되신 예수 그리스도, 오만하여 하나님을 떠나버린 우리를 위하여 하나님 만나는 길로 오신 참선지자, 예수 그리스도, 메시아, 근본 하나님의 본체이신 그리스도께서 성령으로 지금 '함께'하시는 삶이야말로 진정 복되다는 것입니다. 요한일서 3장 8절, 로마서 8장 2절, 요한복음 14장 6절

하나님이 우리와 함께 하는 비밀, 그 비밀이신 예수 그리스도 안에는 지혜와 지식의 모든 보화가 가득 담겨있기 때문입니다. 골로새서 2장 3절

하나님도 웃게하는 축복덩어리
야곱 Jacob

지은이 | 초경 김유순

1판 1쇄 인쇄 - 2012년 03월 05일

발 행 처 도서출판 HIM
발 행 인 김서권
기 획 이명석
편집 · 디자인 진성현
표 지 그 림 이영미
등 록 번 호 제321-2011-000102호
등 록 일 자 2011년 5월 25일
137-882 서울시 서초구 서초4동 1687-2 중앙서초프라자 2F
Tel 02-594-9195, Hp 010-8553-8824, Fax 02-537-8771

ISBN 978-89-968481-1-0 03230
값 12,000 원